Tesoro de Oraciones

Corona Mística

Tesoro de Oraciones

𝕽 𝕽

Corona Mística

Porque la palabra de Dios es viva y eficaz y más penetrante que toda espada de dos filos; y que alcanza hasta partir el alma, y aún el espíritu y las coyunturas y tuétanos; y discierne los pensamientos y las intenciones del corazón. (Hebreos, IV, 12.)

Editorial Época, S.A. de C.V.
Emperadores No. 185
Col. Portales
C. P. 03300, México, D. F.

Tesoro de oraciones
Corona Mística

© Derechos reservados 2010
© Editorial Época, S.A. de C.V.
   Emperadores No. 185, Col. Portales
   C.P. 03300-México, D.F.
   www.editorialepoca.com
   Tels: 56-04-90-46
         56-04-90-72

ISBN: 978-970-627-826-5
ISBN: 970-627-826-5

Formación tipográfica: Ana M. Hdez. A.
Diseño de portada: Adriana Velázquez Cruz.

Impreso en México — *Printed in Mexico*

Prólogo

En todo tiempo han existido seres consagrados a una especie de sacerdocio tan mal comprendido como peor recompensado, cuyas prácticas se dirigían únicamente a proporcionar a sus hermanos en sufrimiento, con la salud del cuerpo, la paz del espíritu.

Estos seres, conocidos en la historia con los nombres de hechiceros o brujos, y en la tradición con los de curadores u curanderos, tuvieron siempre especial cuidado en ocultar los medios de que se valían para realizar sus prodigiosas operaciones, y aun consintieron muchos de ellos en ir al suplicio sin exhalar una queja antes que revelar los medios por los que adquirían sus mágicos poderes.

Proceder tal merecería anatemas si careciese de atenuantes; pero éstos existen, y muy dignos de consideración por cierto. No haremos méritos de ellos por no zaherir a nadie, y sí solamente consignaremos que los poderes se han transmitido oralmente de generación en generación, llegando hasta nuestros días bastardeados unos, puros y sin mácula de otros; pero conservando todos el sello de su origen, el sello del misterio.

Ha sonado, empero, la hora de hacer luz en el asunto. Como dijo Jesús, nada hay oculto que no deba descubrirse, nada hay reservado que no deba manifestarse. A esto tienden las presentes páginas. No pretendemos con ellas brindar el depósito de la ciencia infusa; no pretendemos tampoco ser los únicos que saquen la luz de debajo del celemín para colocarla en elevada cumbre; pretendemos solamente contribuir con nuestro grano de arena a la fábrica grandiosa del bienestar común.

Nuestro trabajo, por cierto, es de bien escasa valía. Como las abejas, hemos ido libando el polen de una y otra flor, y con lo que hemos recogido de todas ellas, hemos constituido el panal de miel que ofrecemos. Ni una sola oración, ni un solo conjuro, ni un exorcismo solo nos pertenece: los Padres y Doctores de la Iglesia, las Sagradas Escrituras, los Rituales y Brevarios y la tradición y la experiencia nos lo han dado todo hecho. A ellos, pues, y no a nosotros, les corresponde toda la gloria.

Lea el lector discreto, practique con sinceridad y fe, y verá cómo puede sacar óptimos frutos del contenido de estas páginas.

PRELIMINAR

La fe transporta las montañas.
JESÚS.

Hablar de curas milagrosas operadas por la sola virtud de la oración, da lugar en nuestro siglo a muchas y muy necias cuchufletas. Gentes hay que desprecian los más prontos y eficaces remedios a sus males porque no van precedidos de un superficial reconocimiento ni acompañados de una receta más o menos inteligible; a otros les basta saber que se invoca el nombre de Dios o su Unigénita para que rechacen indignados la patraña o bobería, y no faltan tampoco quienes escudados en vana ciencia —y decimos vana porque se separa de su positiva fuente— niegan la posibilidad del hecho por cuanto no se ajusta a sus particulares apreciaciones. Para mutar a todos sólo tenemos una frase: Probadlo.

El Mártir del Gólgota dijo: "El que creyere y fuere bautizado, será salvo; mas el que no creyera será condenado. Y estas señales seguirán a los que creyeren: En mi nombre echarán demonios, hablarán lenguas, quitarán serpientes, y si hubiere cosa mortífera no les dañará; sobre los enfermos pondrán sus manos y sanarán". (Marc., XVI, 16 al 18).

Pues bien: el cumplimiento de esta profecía es lo único que preconizamos. Para ello, como Jesús, sólo recomendamos velar y orar, ser castos como palomas y astutos como serpientes, dar de gracia lo que de gracia se recibe, y tener la fe que transporta las montañas. Con estos auxiliares es seguro que "sanaremos enfermos, curaremos leprosos, resucitaremos y echaremos demonios", como se tiene prometido a los apóstoles y discípulos de Jesús.

Aprestémonos, pues, a seguir con fe y perseverancia las huellas del Evangelio; invoquemos, a la par del dulce nombre de Jesús, el del patrono de cada caso especial con la oración que se cita, y no olvidemos especial y particularmente el de la Trinidad Gloriosa.

Esto basta para salir triunfantes.

Capítulo I
Los cuatro Evangelios

I

La consecuencia del Santo Evangelio
según San Mateo

Gloria al Señor.

En aquel tiempo, como penetrase Jesús en Capharnaum, y llegase a casa de Centurión, éste le dijo: Señor, yo no soy digno de que entres debajo de mi techado, mas solamente di la palabra, y mi mozo sanará. Porque también yo soy hombre bajo de potestad, y tengo bajo de mí soldados; y digo a éste: Ve y va, y al otro: Ven y viene; y a mi siervo: Haz esto, y lo hace. Y oyendo Jesús se maravilló, y dijo a los que le seguían: De cierto os digo que ni aun en Israel he hallado fe tanta. Y os digo que vendrán muchos del Oriente, y del Occidente, y se sentarán con Abraham, e Isaac, y Jacob en el reino de los cielos. Mas los hijos del reino serán echados a las tinieblas de afuera; y allí será el lloro y el crujir de dientes. Entonces Jesús dijo al Centurión: Ve, y como creíste te sea hecho. Y su mozo fue sano en el mismo momento.

Alabemos a Cristo.

Oración

Jesús Redentor nuestro, fervorosamente te pedimos intercedas con el Espíritu Santo para que toda (o esta) criatura que con tu preciosa sangre redimiste, se vea libre de todo pecado y de toda enfermedad, haciéndose digna de gozar de la gloria en que con el Padre y el Espíritu Santo vives y reinas por los siglos de los siglos.

Así sea.

El Señor sea con nosotros.

Y con su santo espíritu.

II

La consecuencia del Santo Evangelio según San Marcos

Gloria al Señor.

En aquel tiempo se apareció Jesús a los once discípulos estando sentados a la mesa, y censuró su incredulidad y dureza de corazón que no hubiesen creído a los que le habían visto resucitado.

Y Él les dijo: Id por todo el mundo; predicad el Evangelio a toda criatura. El que creyere y fuere bautizado, será salvo, mas el que no creyere será condenado. Y estas señales seguirán a los que creyeren: En mi nombre echarán fuera demonios; hablarán nuevas lenguas; quitarán serpientes; y si bebieren cosa mortífera, no les dañará; sobre los enfermos pondrán sus manos y sanarán. Y el Señor, después que les habló, fue recibido arriba en el cielo y se sentó a la diestra de Dios.

Alabemos a Dios.

Oración

Omnipotente y eterno Dios, que tu bendición descienda sobre nosotros (o esta criatura) e infunda en nuestro cuerpo la salud que necesitamos, para que libre el alma de aflicción, invoque y bendiga tu nombre por los siglos de los siglos, mereciendo por ello y por los méritos de Jesucristo Redentor nuestro sentarse a tu derecha.

Así sea.

El Señor sea con nosotros.

Y con su santo espíritu.

III

La consecuencia del Santo Evangelio
según San Lucas

Gloria al Señor.

En aquel tiempo, levantándose Jesús de la Sinagoga, entró en casa de Simón; y la suegra estaba con una grande fiebre; y le rogaron por ella. E inclinándose hacia ella, riñó a la fiebre; y la fiebre la dejó: y ella levantándose luego, les servía. Y poniéndose el sol, todos los que tenían enfermos de diversas enfermedades, los atraían a Él; y Él, poniendo las manos sobre cada uno de ellos los sanaba.

Alabemos a Dios.

Oración

Santo Dios, accede a nuestras deprecaciones en favor de esta criatura enferma, devuélvele la salud, haz que reconozca tu sempiterno amor hacia todas las criaturas, en rescate de las cuales consentiste la sagrada pasión y muerte de tu Hijo y Redentor nuestro, con quien vives y reinas por los siglos de los siglos.

Oración

El Señor sea con nosotros.
Y con su santo espíritu.

IV

Principio del Santo Evangelio
según San Juan

Gloria al Señor.

En el principio ya era el Verbo, y el Verbo era con Dios, y el Verbo era Dios. Éste era en el principio con Dios. Todas las cosas por él fueron hechas; y sin él nada de lo que es hecho fue hecho. En él estaba la Vida, y la vida era la luz de los hombres. Y la luz en las tinieblas resplandece; mas las tinieblas no le comprendieron. Fue un hombre enviado de Dios, el cual se llamaba Juan. Éste vino por testimonio, para que diese testimonio de la luz, para que todos creyesen por él. No era la Luz, sino para que diese testimonio de la Luz. Aquel Verbo era la luz verdadera, que alumbraba a todo hombre que viene a este mundo. En el mundo estaba, y el mundo fue hecho por él, y el mundo no le conoció. A lo que era suyo vino, y los suyos no le recibieron. Mas a todos los que le recibieron, les dio potestad de ser hijos de Dios, a los que creen en su nombre: Los cuales no son engendrados de sangre ni de voluntad de carne, ni de voluntad de varón, mas de Dios. Y aquel Verbo fue hecho carne y habitó entre nosotros, y vimos su gloria como del unigénito del Padre lleno de gracia y de verdad.

Alabemos a Cristo.

Por los Evangelios dichos y por la imposición de mi mano y por la virtud de la Santa † Cruz extíngase en ti toda enfermedad, y toda virtud del Diablo y sus ministros.

Así sea.

Cristo óyenos.

Cristo escúchanos.

Padre nuestro.

No nos dejes caer en tentación.

Y líbranos de mal.

Después del parto, Virgen inviolada permaneciste.

Madre de Dios, intercede por nosotros.

Dios Santo, salva a tu siervo.

Que en Ti tiene puesta su esperanza.

Atiende nuestra oración.

Y este clamor llegue a Ti.

El Señor sea con nosotros.

Y con su santo espíritu.

Oración

Omnipotente y sempiterno Dios, que tantas gracias concediste a los que invocaran tu nombre y siguieran los preceptos de tu ley, imploramos tu clemencia para que por los meros misterios de la Encarnación, Natividad, Pasión, Resurrección y Ascensión a los Cielos de Jesucristo, Hijo tuyo y Señor nuestro, pueda verse libre éste tu siervo N. N. de la enfermedad que sufre, o de la posesión diabólica, etcétera.

Concédenos, Dios de bondad y misericordia, por la intercesión de la siempre Virgen María, la firmeza necesaria para no ser esclavos del Demonio y de sus asechanzas.

Dadnos la fe que salva, la constancia que persevera, y la salud y el gozo de los que moran en la gloria por la Redención gloriosa de Cristo Señor Nuestro.

Amén.

Bendí † gote en nombre de Dios: Y que Él sea tu custodia y te conduzca a su presencia por su misericordia y los méritos de San Francisco, Santo Domingo, San Antonio, Santa Rosa y todos los Santos que de la gloria gozan. —Amén.

Capítulo II
Oraciones piadosas

I
Via crucis

Introducción. —Yo pecador me confieso, etcétera.

Estación primera

Cristo condenado a muerte de cruz por Pilatos

(Considérese en este Paso a Cristo Redentor nuestro, que después de escarnecido, escupido y azotado, sale sentenciado a muerte del pretorio de Pilatos, y va a morir por amor a nosotros, en lo alto del Calvario.)

Amantísimo Jesús, que por amor a los hombres quisiste en aqueste mundo ser vendido, y azotado, y coronado de espinas, y a muerte de Cruz sentenciado; suplico a tu Majestad que me des tu auxilio y gracia, para que considerando las finezas de tu amor y los dolores de este paso, me arrepienta de mis culpas y mitigue los enojos de tu justicia ofendida, mortificando mis carnes y haciendo una confesión con tanto dolor y lágrimas, que consiga tu amistad. Amén.

Señor, pequé, tened misericordia de mí. Pecamos todos, Señor, lo que nos pesa, tened misericordia de nosotros. Bendita sea la Pasión de Cristo Redentor nuestro, y la pura Concepción de su Santísima Madre, sin pecado original. Amén.

Estación segunda

Aquí pusieron la cruz
sobre los hombros de Cristo

Clementísimo Jesús, que como manso cordero vas a ser crucificado por las culpas de los hombres llevando, sobre tus hombros, el altar del Sacrificio; suplico a tu Majestad que me des tu auxilio y gracia, para que con el ejemplo de tu inmensa caridad, cargue yo sobre mis hombros la cruz de la penitencia, y te siga fervoroso, así en tiempo de trabajo como de prosperidad. Amén. Señor, pequé, etcétera.

Estación tercera

Aquí cayó Cristo en tierra
con el peso de la Cruz

(Consideremos en este Paso a Cristo, que siendo Rey, Sabio, Justo y Poderoso, está por amor a nosotros aquí caído sobre la tierra, cercado de soldados, que llenándolo de injurias, lo arrastran por los cabellos.)

Amoroso Jesús, que por levantar al hombre del estado miserable en que lo puso el pecado, sufriste en esta Estación que habiendo caído en tierra, te injuriaron y acosaron por el suelo, suplico a tu Majestad que me des auxilio y gracia, para que al ver los oprobios que aquí por mi amor sufriste, trabaje por imitarte en la humildad y paciencia, y en que si alguno me agraviare, injuriare o persiguiere lo perdone por tu amor. Amén.

Señor, pequé, etcétera.

Estación cuarta

Aquí fue donde la Virgen
encontró a su hijo Santísimo

(Consideremos mirando en la calle de Amargura a nuestro Salvador Jesús y a su Santísima Madre, mirándose el uno al otro con tanta pena y dolor, que enmudecidas sus lenguas, se saludan por los ojos sus amantes corazones.)

Clementísimo Jesús, y vos, Madre de piedad, que por mi amor y remedio os miro en esta Estación padeciendo un mar de penas, recibid a mi corazón lastimado del dolor y aflicción que padecéis; y dignaos concederme un verdadero dolor de las ofensas que os hice, gracia para enmendarlas y hacer penitencia de ellas, viviendo de aquí en adelante en castidad y humildad y en hacer por vuestro amor muchas obras de caridad. Amén.

Señor, pequé, etcétera.

Estación quinta

Aquí ayudó el Cirineo a llevar la Cruz a Cristo

(Consideremos en este Paso que estamos mirando a Jesús, dulce esposo de las almas, por nuestro amor tan fatigado, que faltándole las fuerzas para pasar adelante, nos convida a que le ayudemos a llevar la Santa Cruz.)

Piadosísimo Jesús, que siendo tan poderoso, te miro aquí por mi amor tan fatigado y rendido, que no pudiendo pasar con la Cruz más adelante, permites a Cirineo que poniendo en mis hombros la cruz de la mortificación te la ayude a llevar: suplico a tu Majestad que no mirando mis culpas, me permitas que te ayude poniendo en mis hombros la cruz de la mortificación y viviendo desde hoy rendido a tu voluntad y al mundo crucificado. Amén.

Señor, pequé, etcétera.

Estación sexta

Aquí limpió a Cristo el rostro una devota mujer

(Consideremos en este Paso a Cristo Rey sapientísimo, por nuestro amor vilipendiado y su venerable rostro cubierto de bofetadas y de asquerosas salivas, que por burla y menosprecio le tiraban los soldados.)

Sapientísimo Jesús, que habiéndote los verdugos afeado con salivas y crueles bofetadas, permitiste a una mujer que inflamada en caridad te lo llegase a limpiar, y en pago de su piedad, le diste impreso en los lienzos tu santísimo rostro; suplico a tu Majestad que selles mi corazón con el sello de tu imagen por mis culpas lastimada, para que mirando en ella lo que debo a tu amor, trabaje por darte gusto siendo humilde y puntual en guardar tus mandamientos. Amén.

Señor, pequé, etcétera.

Estación séptima

Aquí cayó Cristo en tierra por segunda vez con la Cruz

(Considérese en este Paso al Señor del Cielo y tierra caído sobre su rostro y cercado de enemigos, que llenándole de injurias y dándole muchos palos, le obligan a levantar.)

Amantísimo Jesús, que por mi amor y remedio sufriste en esta Estación que habiendo por segunda vez caído con la cruz en tierra, te ultrajaron y acosaron, y arrancaron tus cabellos, sin que por tanta mar de penas se desplegaron tus labios; suplico a tu Majestad que me des tu auxilio y gracia, para que con el ejemplo de tu humildad y silencio, me anime a tener paciencia en toda tribulación y me conforme gustoso con tu santa voluntad. Amén.

Señor, pequé, etcétera.

Estación octava

Aquí consoló el Señor a unas devotas mujeres

(Considérese en este Paso a Jesús padre amoroso, el que con su gran caridad se olvida de sus fatigas por acudir al consuelo de unas devotas mujeres que afligidas le seguían y lloraron su Pasión.)

Nobilísimo Jesús, que por tu gran caridad quisiste en aqueste Paso detenerte a consolar a las piadosas mujeres que te seguían, lastimadas de tus fatigas y dolores que te veían padecer; suplico a tu Majestad que nos mires con piedad y nos libres de langostas, mal de pestes y tempestades, y nos des buenos temporales, y frutos de mar y tierra, perpetua paz y concordia entre los reyes cristianos, victoria contra los infieles y enemigos de nuestra santa fe, y que ningún cristiano muera de muerte repentina. Amén.

Señor, pequé, etcétera.

Estación novena

Aquí cayó el Salvador la tercera vez

(Considérese en este Paso al muy piadoso Jesús tan afligido y sin fuerzas, que con señales de muerte se tiende sobre la tierra.)

Clementísimo Jesús, que hallándote ya sin fuerzas para poder caminar, caíste por tercera vez, quedando sobre la tierra tan pálido y sin aliento, que juzgaron los verdugos que allí te quedabas muerto; suplico a tu Majestad por esa tu gran congoja, que nos libres de los ladrones y de testimonios falsos. Amén.

Señor, pequé, etcétera.

Estación décima

Aquí quitaron a Cristo sus sagradas vestiduras

(Consideremos en este Paso a nuestro amado Jesús desnudo y avergonzado, y tan cubierto de llagas, que no hay en todo su cuerpo parte alguna que esté sana.)

Amantísimo Jesús, que porque el hombre pudiese volver a cobrar la gracia que perdió por el pecado, permitiste a los verdugos que te pusiesen en carnes y renovaran tus llagas al desnudarte la túnica que traías pegada a ellas; suplico a tu Majestad que me des tu auxilio y gracia para serte agradecido, continuando aquestos pasos en obsequio de tus llagas; y que en la hora de mi muerte pueda confesar mis culpas con verdadero dolor y esperando en tu bondad que me lleves a tu gloria. Amén.

Señor, pequé, etcétera.

Estación undécima

Aquí fue Cristo tendido sobre la Cruz y clavado

(Consideremos en este Paso a Cristo, Rey Soberano, tendido sobre la Cruz y traspasados con clavos sus sagrados pies y manos.)

Piadosísimo Jesús, que porque el hombre pudiese gozar de eterno descanso quisiste ser en la cruz extendido y crucificado, suplico a tu Majestad que me des amor y espíritu, para que mirando atento esas tus preciosas llagas, mi corazón se enternezca y mis ojos viertan lágrimas que conviertan en piedad el rigor de tu justicia por mis culpas merecido, y me consigan la gracia de vivir en tu servicio y morir en tu amistad. Amén.

Señor, pequé, etcétera.

Estación duodécima

Aquí murió por los hombres Cristo Hijo de Dios

(Consideremos en este Paso a Cristo Rey de la Gloria, que levantado en la Cruz y puesto entre dos ladrones, da a entender por sus señas que se le acerca la hora de dar por nuestro amor su vida: miremos su rostro mortal, eclipsados ya sus ojos y su pecho levantado; y pues tenemos ocasión, lleguemos a Su Majestad con lágrimas en los ojos y dolor de corazón por nuestros pecados, para suplicarle humildemente que nos perdone los yerros y nos dé antes de expirar su paternal bendición.)

Amantísimo Jesús, que siendo Dios inmortal, quisiste por tu bondad bajar del Cielo a este mundo, y hecho hombre por el hombre, morir por darnos tu gloria; suplico a tu Majestad que por tu Pasión y Muerte me perdones mis pecados y me des tu bendición y hagas que yo muera al mundo dando de mano a los vicios y arreglándome a tus leyes y obligaciones de mi estado con tanta severidad, que en la hora de mi muerte salga mi alma de esta vida para gozarte en la eterna por los siglos de los siglos. Amén.

Señor, pequé, etcétera.

Amoroso Jesús Crucificado.

Dadnos, Señor, buena muerte.

Estación a la Virgen en el descenso de la Cruz

Muy afligida Señora, Virgen y Madre de Dios, a quien miro por mi causa cercada de un mar de penas, teniendo muerto en los brazos al hijo de tus entrañas, Cristo mi bien y Señor; suplico a tu Majestad que por la angustia y dolores que en este Paso tuviste, nos alcances del Señor aquello que más convenga a nuestro bien corporal y espiritual, la absolución de las benditas almas del Purgatorio y la inefable dicha de reunirnos un día en el cielo. Amén.

Estación del Sepulcro

Virgen de la Soledad, madre de mi Señor y Redentor Jesucristo, lastimado de la pena y la soledad con que os miro, quisiera que el corazón de dolor se partiera y mis ojos fueran fuentes de copiosísimas lágrimas con que lavara mis culpas y os hiciera compañía llorando con amargura la muerte de mi Señor; recibid, piadosa Madre, estos humildes deseos, y a los que en obsequio vuestro andamos aquestos pasos, asístenos en la muerte y líbranos del demonio, brujas, fantasmas y engaños, y haz que ninguno muera en los Santos Sacramentos. Amén.

II
Depreciaciones

Para ser dichas por el que esté moribundo

Mi Dios y todo mi bien, usa de vuestra piedad con este gran pecador, así como conocéis mi gran necesidad y la aflicción en que me veo. No os apartéis de mi lado ni permitáis que mi alma del demonio sea engañada.

En vuestras manos, Dios mío, ofrezco mi espíritu, que justo es que vuelva a vos lo que de vos recibí; y pues no tengo otro Dios ni otro Señor, ni otro amparo, te ruego que me defendáis de todos mis enemigos.

Purísima Virgen María, Madre de misericordia, socorredme en esta hora haciéndome compañía hasta que acabe la vida y con vuestra intercesión vaya libre del peligro de todos mis enemigos.

Reina de los ángeles, usad de vuestra clemencia con quien humilde y devoto clama, Señora, por vos; no me desechéis Señora, que aunque malo y pecador, tengo gran confianza de que vuestra intercesión me ha de alcanzar buena muerte y mi alma se ha de salvar.

Ángel santo de mi guardia, que desde que Dios me creó habéis andado a mi lado enseñándome y defendiéndome de innumerables peligros, ayudadme a salir de éste en que va mi salvación.

Ángel mío muy amado, bien conoces los engaños y porfiada malicia con que el demonio trabaja porque mi alma se condene, te ruego que me defiendas de su tirana crueldad y me alcances del Señor gracia para no caer en tentación.

Ángel de Dios, con vuestra ayuda confío que he de salir con victoria de los engaños del diablo, y que aunque sea su pesar, he de morir en la fe de Cristo mi Redentor y mi alma se ha de salvar.

¡Oh sacratísima imagen del Hijo del Padre Eterno! ¡Oh espejo de las finezas de su ardientísimo amor! ¡Oh lastimoso retrato de Cristo mi Redentor, que para salvar a los hombres murió a poder de tormentos en el árbol de la Cruz!

Te adoro agradecido y lastimado de ver lo que padeciste por mis culpas y pecados.

Adoro tu santa cabeza, que miro llena de llagas y coronada de espinas, porque los hombres pudiesen ser coronados de la gloria en el reino celestial.

Adoro tus ojos santísimos, soles que miro eclipsados con los arroyos de sangre que corren de las espinas de tu Teatro soberano.

Adoro tu boca sagrada, cuyas palabras dulcísimas de tal suerte enamoraban, que se olvidaban de sí las gentes que te escuchaban.

Adoro tus manos beatísimas, pues aunque las miro heridas con esos dos clavos, venero en ellas dos fuentes o copiosos manantiales de prodigios y milagros.

Adoro tus santas rodillas con hacimiento de gracias, por las veces que se hincaron sobre la tierra desnudas a pedir misericordia para todos los mortales.

Adoro y beso tus pies, que como otra Magdalena, quisiera regar con lágrimas por los pasos que anduvieron en busca de pecadores que convertir.

Adoro esas cinco llagas de manos, pies y costado, en que miro cinco fuentes para lavar los pecados de todo el linaje humano.

Adoro tu cuerpo santísimo, todo cubierto de llagas que con cinco mil azotes le abrieron sus enemigos, mas yo considero en ellas cinco mil bocas sagradas que a una voz están pidiendo al Padre misericordia para todos los mortales.

¡Oh Jesús Rey Soberano! Te ruego por tu pasión que tengas piedad de mí, así como quien conoce mi grande necesidad; en tus manos, Señor, encomiendo mi espíritu.

Para ser dichas por los que lo asistan

Venid, Santísimo Espíritu, Dios de inmensa caridad; venid por vuestra bondad; socorred a esta criatura a quien Lucifer procura, a fuerza de tentaciones, engaños y sugestiones, apartar de vuestra gracia. No permitáis tal desgracia, Señor, por vuestra clemencia, antes con vuestra presencia inflamadla en vuestro amor y refrenad el furor de este maligno dragón, cuya perversa intención es llevársela al infierno. Consiga la dicha de que vuestra Majestad le dé la bendición y plena absolución de sus culpas y pecados, y así habiendo expirado, irá al cielo donde os pueda ver y alabar eternamente.

Santísimo Padre Eterno, Dios de la infinita bondad, justicia y misericordia, dignaos por vuestra piedad socorrer a esta alma, dándole auxilio y gracia para que por vuestro amor aparte su voluntad de las cosas de este mundo y se ponga en vuestras manos con entera confianza. No permitáis al demonio que la atribule o engañe, antes bien con vuestra ayuda alcance victoria de él, y muriendo en vuestra gracia, camine de aquí a los cielos sin que puedan estorbarle las trazas de Lucifer, y en caso que este enemigo llegue a querellarse de ellas, no les des, Señor, audiencia, por cuanto su acusación es de mala voluntad, envidia, rabia y rencor. Pero si vuestra justicia, estando de ella agraviada pidiera satisfacción, te ruego que le permitas apelar al Tribunal de Vuestra Misericordia, que ofrece satisfacción de todos vuestros agravios con la Vida, Pasión y Muerte de vuestro Unigénito Hijo.

Al expirar

Jesús, Jesús, Jesús. Jesucristo vive, Jesucristo reina, Jesucristo del enemigo malo te defienda. Amén.

A la Santísima Trinidad

En nombre del Padre † y del Hijo † y del Espíritu Santo. † Amén.

Por el poder de la Santísima Trinidad y por el poder del Creador tenga yo virtud y poder de deshacer encortamientos, ligamientos, encisamientos, obcecamientos, posesionamientos y todo mal dado o tirado en cualquier maleficio.

Que todas las acciones de los ladrones, traidores y toda clase de enemigos queden destruidas por mí N. N., en virtud y poder de mi Ángel protector y de Dios el Creador.

Que seamos guardados yo, mi familia y demás personas que me quieren bien de los enemigos y contrarios, por el poder del Creador y por el que nos dejó San Cipriano y el Redentor, así como también que queden ligados y cortados de sus pensamientos y acciones.

Por el poder de la Santísima Trinidad y del Ángel que cuando me convenga quede invisible o multiplicado.

Por el poder que tuvo el Rey Faraón y su hermano Benjamín, quede yo siempre libre y en victoria sobre mis enemigos.

Por el poder que tuvo el gran Cipriano y Santa Justina, y por la gloria, poder y virtud de San Agustín que fue consagrado por el Redentor y la Virgen del Carmen tenga yo también propiedad, virtud y fuerza, siendo salvado por la Cédula del Carmen y porque soy criatura que llevo la sangre de Jesús. Amén.

Todos mis enemigos queden ligados y derrotados, y el Espíritu Santo sea mi ayuda y me guarde de los malos espíritus y de su poder.

¡Gloria al Padre, y al Hijo, y al Espíritu Santo. †††. Gloria al excelso Dios!

(Se rezan tres Padres Nuestros y Ave Marías a la Virgen del Carmen para que nos dé la Cédula de Salváción. Amén.)

A San José

Poderosísimo José, esposo de María, ayo y padre legal de Jesús, protector y amparo de la Iglesia y de todos vuestros devotos; arrodillados a vuestros pies os pedimos humildemente nos alcancéis del Señor gracia para estudiar con mayor perfección vuestros gloriosos ejemplos, y por medio de ellos reformar nuestra vida, purificar nuestra alma, prevenir nuestra muerte y asegurarnos dichosa eternidad.

(Siete Padres Nuestros, siete Ave Marías, siete Gloria Patris, por los siete dolores que padecisteis.)

A San Antonio de Padua

Gloriosísimo Antonio, por el ardiente afecto que distinguisteis a vuestro amado Jesús, por la santísima dulzura que infundió este Niño en vuestro corazón con sus halagos, por aquel milagro que hicisteis cuando librasteis a vuestro padre del suplicio, acusado por falsos testimonios, por aquellas gracias que obtuvisteis del Señor para que lo perdido se hallare, lo olvidado se recordare y lo empezado se terminare; os suplico queráis guardarme de falsos testimonios, injustas sentencias y malas compañías, y que me favorezcáis en todas las necesidades con vuestro eficaz patrocinio, y en particular que me alcancéis la gracia, que deseo, de ser del agrado de su Divina Majestad. Vos, poderoso Antonio, tened piedad de mí, pues he puesto en vos mi esperanza. ¡Oh santo milagroso! socorredme y haced que viva en esta vida como verdadero amante de Jesús, para poder después eternamente gozarlo en el cielo. Amén.

A San Agustín

Oh dulcísimo Señor Jesucristo, verdadero Dios y hombre, que fuiste enviado por vuestro Padre omnipotente al mundo, para salvar a los pecadores y también para desatar a los que estaban atados en las prisiones, para congregar los divididos, para volver a los peregrinos a sus patrias, para tener misericordia de los contritos de corazón y consolar a los tristes y afligidos. Dignaos, Dios y Señor mío Jesucristo, desatar y librar este indigno servidor vuestro N., de la tribulación y aflicción en que está. Vos, Señor, que con vuestra preciosísima sangre nos rescatasteis el paraíso, estableciendo la paz entre los ángeles y los hombres, dignáos sellar esa misma paz entre yo y mis enemigos; mostrad los fulgores de vuestra divina gracia sobre mí, acatad mi ruego con misericordia: que se extinga o mitigue la ira y odio de mis enemigos; que me perdonen como yo les perdono. Bien sé, Señor, que soy indigno de tanta merced: por esto acudo a la intercesión del glorioso San Agustín por sus méritos, ya que no por los míos, acceded a mi demanda.

Y vos, glorioso Padre de la Iglesia, no os desdeñéis en aceptar mi encargo. Sed mi protector en toda asechanza y sed mi intercesor para con la Majestad Divina. Amén.

A San Pablo

Pablo va delante—yo voy en medio y detrás de mí—sigueme San Pedro,—y a mis costados —San Lucas y San Marcos—tengo apostados.—Los canes y los lobos—tengan cerradas—sus bocas, si a morderme—van preparados—y de enemigos,—libre siempre me vea por mis amigos.—Sea yo resguardado —en cada día—como lo fue por Cristo—Santa María—Antes del parto—y después que dio al mundo—su fruto Santo.—Quisiera al paraíso—poder entrar—a las almas benditas—a saludar—que es gran contento—contemplar a quien hizo—el sol y el viento.—Un ensueño he tenido—muy verdadero—donde vi a Jesucristo—en un madero—asaetado—y de pies y de manos—en él clavado.—De su santa cabeza—sangre brotaba—que al correr por su rostro—se coagulaba—y de sus labios— escuché perdonaba—tantos agravios.—Lastimado y contrito—de tantas penas—sufridas por mis culpas—y las ajenas—perdón te pido—y prometo enmendarme—arrepentido.—En cambio en tu clemencia — Dios de bondad detén a mi adversario—en su maldad,— y haz que su encono—se convierta en cariño—que yo le abono—Sea siempre en mi ayuda—la Virgen Santa—San Martín el Apóstol—y Santa Marta—y que la Cruz—me sirva de estandarte.—Amén Jesús.

(Se reza un padre nuestro y un ave maría y se ofrece a Dios por mediación de San Pablo para que nos guarde de ladrones, de traidores, de falsos testigos del poder diabólico y de vivir en pecado mortal.)

A San Cipriano y Santa Justina

(Esta oración, que ha de ser leída en tres domingos consecutivos, una vez cada domingo, es muy útil y eficaz para librar a las personas de maleficios, engaños perversos, hechizos y cualquier otro encantamiento, para auxiliar a las parturientas, y para librar de pestilencias y aires corrompidos.)

En nombre de Dios Padre, de Dios Hijo y de Dios Espíritusanto que son tres personas distintas y un solo Dios verdadero que reina por siempre sin fin. Amén †.

A vos, glorioso San Cipriano, servidor de Dios nuestro Señor y orador ferviente de la Santa Cruz; vos, invicto, mártir que supiste enmendar a tiempo vuestros yerros y alcanzar la bienaventuranza; a vos, que una vez conocisteis el santo nombre de Jesús, abandonasteis vuestra mucha maldad que os hacía una de las potencias infernales y os convertisteis en apóstol de la verdad y del bien; por el poder que la divina gracia os ha concedido para emplearlo en obras dignas de su amor así como el enemigo os lo concedió antes para retener las nubes a fin de que no lloviesen y los campos no dieran fruto, para ahuyentar los peces a fin de que no bogasen por las arenas de las orillas, para obstruir el alumbramiento feliz de las embarazadas y otras muchas dañosas consecuencias; por todo esto que os eleva y glorifica, venerado San Cipriano, os suplico intercedáis con Dios Todopoderoso para que sean deshechos todos los malos lazos que unan a las criaturas, para que la lluvia fertilice y atempere la tierra, para que los árboles, las plantas y las mieses den óptimos y sazonados frutos, para que las embarazadas den a luz sin ningún obstáculo y amamanten en sus pechos el fruto de sus entrañas, para que los peces en los mares, y los animales en la tierra, y las aves en el aire sirvan sólo al objeto a que Dios los destinó, para que todo hechizo, toda mala voluntad, todo testimonio falso, y toda obsesión y posesión diabólicas sean deshechos sin perjuicio de nadie, y para que todos, imitando tu ejemplo, nos hagamos dignos de gozar contigo de la gloria del Eterno Padre.

Te suplico también, santo bendito, que delante del Señor † nos defiendas de nuestras culpas, y que nos guardes noche y día del diablo y su poder, de sus hechizos y de sus sediciones por el Santo Nombre de Dios † glorificado, y por Emmanuel † que es la palabra de Dios.

Haz santo glorioso, que así come la peña fue abierta por el prodigio de Moisés para que de sus fauces brotara el agua viva con que pudieran calmar su sed los hijos de Israel, así el Señor todopoderoso extienda su mano llena de la divina gracia sobre este tu servidor N., y le calme la sed de la tribulación que padece.

Haz asimismo que así como al colocar Dios a Adán en el Paraíso, le proporcionó cuatro ríos, el Gibón, el Fisón, el Eufrates y el Tigris, para que le fertilizasen la campiña, del mismo modo su magnanimidad me vigorice en los cuatro veneros del espíritu, para que mi prudencia me haga vivir en santidad, mi justicia me haga reconocer mis culpas, mi fortaleza me haga superior a las tribulaciones y adversidades y mi templanza me aparte de odios, rencores y propósitos vengativos.

Que por tu intercesión, santo glorioso, no pueda intervenir el diablo en mis tratos o contratos; que sean malditos de Dios y de los ángeles cuantos se empeñen en hacer el mal; que este tu servidor N., y su casa, y sus habitantes, y todo cuanto en el mundo hay sea librado de maleficio, sortilegio y encantamiento; y que por el nombre de Dios † que bajó sobre Jerusalem por todos los que se reúnen en la pre-

sencia de Dios † tan alto y tan poderoso Creador, por las oraciones y vaticinios de los Profetas, por la humildad de los Re-
ligiosos, por la hermosura de Eva, por el sacrificio de Abel,
por el Dios que nos ha de juzgar, por la castidad de Joanás,
por la bondad de Joafat, por la deliberación de Noé, por la fe
de Abraham, por la abundancia de Isaac, por la paciencia de
Job, por la oración y hermosura de Joseph, por el nacimiento de Moisés, por el sacrificio de Joanás, por la heroicidad
de Judith, por las lágrimas de Zacarías y Jeremías, por todos
los méritos de todos los Ángeles, Arcángeles y Serafines, por
la gloria del Profeta de los Profetas Nuestro Señor Jesucristo †, por el Profeta Daniel, por las llagas de los Evangelistas,
por la zarza que vio Moisés arder, por el resplandor del sol,
la luna y las estrellas, por los sermones de los Apóstoles, por
el nacimiento, bautismo y apostolado de Jesús, por aquella
voz emanada del Cielo que dijo: "Ese es mi Hijo muy amado
a quien reverenciarán todos los pueblos", por la resurrección
de Lázaro, por los ayunos de los Apóstoles, por la venida del
Espíritu † Santo, y por todo cuanto pueda servir para honra
y gloria de Dios † Padre, de Dios † Hijo y de Dios Espíritu †
Santo, que los hechizos, encantamientos y todo otro lazo tendido por el diablo, de noche o de día, con hierro u oro, con
plata o alambre, con plomo o estaño, o cualquier otra clase
de metal, filatura o fruto, sea destruido, lo mismo si afecta a
persona cristiana que judía, lo mismo si es en poblado que
en despoblado, lo mismo si toca a la mar como a la tierra; y
todo ello por el conjunto de las virtudes de los Santos a quienes en esta oración se invocan y por la especial de San Cipriano, a quien reverente suplico yo N., haga llegar mi plegaria al
Altísimo, cuyo nombre por siempre sea alabado †.

De parte de Dios todopoderoso † de la de San Cipriano
y por el poder que se me ha conferido, te absuelvo de todos
los hechizos, encantamientos y todo otro pacto diabólico en
que por la maldad de los hombres influidos por el enemigo,
hayas podido entrar; y esto lo hago en nombre del Dios de
Abraham † del Dios de Jacob † y del Dios de Isaac †.

¡Oh grande y poderoso rey de la gloria! Haz que este tu
servidor N., se vea libre de los lazos que le atan a la coyunda
de Lucifer: permite que venga en nuestra ayuda San Miguel,

San Gabriel, San Rafael y todos los santos Ángeles y Arcángeles, Potestades y virtudes del Cielo, y las Órdenes de los bienaventurados; haz que basten a los que te pedimos los méritos del Bautista, las oraciones de los apóstoles Pedro, Pablo,
Andrés, Santiago, Tomás, Bartolomé, Felipe, Mateo, Marcos,
Lucas y Simón, los holocaustos de las vírgenes, los Mártires
y los Confesores y la corona del santo rey David; no permitas que el poder del diablo prevalezca sobre nosotros; no nos
olvides, antes bien absuélvenos, y sobretodo a este tu siervo
N., como libraste la hija de Jairo de la muerte, como sanas-
te a un ciego de nacimiento, como apaciguaste la mar, como
prometiste al buen ladrón que te acompañaría en el Paraíso.
Dios santo † absuélvenos, absuelve a tu servidor N., que de
corazón te lo pedimos. Amén Jesús †. Gloria al Padre †, Gloria al Hijo †, Gloria al Espíritu Santo † ahora y siempre por
los siglos de los siglos. Amén Jesús.

Capítulo III
FÓRMULAS DE BENDICIONES

Preparación del agua bendita

Siempre que sea menester, preparadas la sal y el agua que se han de bendecir, se dirá:
Recibamos auxilio en nombre del Señor.
Que hizo el cielo y la tierra.

Exorcismo de sal

Te exorcizo, criatura de sal, por Dios † vivo, por Dios † verdadero, por Dios † santo, por el Dios que por el profeta Eliseo mandó que fueses puesta en el agua para que subsanases la esterilidad del agua; a fin de que te conviertas en sal exorcizada para salud de los creyentes y seas la sanidad del alma y del cuerpo para todos los que te tomen, y huya y se aleje del lugar que contigo fuese rociado toda fantasía; maldad o ardid diabólicos de fraude y todo espíritu inmundo, conjurado por Aquel que ha de venir a juzgar a los vivos y a los muertos.
Así sea.

Oración

Dios omnipotente y eterno, humildemente imploramos tu inmensa clemencia, a fin de que con tu piedad te dignes ben † decir y santi † ficar esta criatura de sal que diste para uso del género humano: a fin de que a todos los que la tomen sea salud de espíritu y de cuerpo, y todo lo que con ella fuese tocado o rociado carezca de toda inmundicia y de toda impugnación de maldad espiritual. Por Nuestro Señor † etcétera.

Exorcismo del agua

Te exorcizo, criatura de agua, en nombre de Dios Padre † Omnipotente, en nombre de Jesu † cristo su hijo Señor nuestro y por virtud del Espíritu † Santo: a fin de que te conviertas con agua exorcizada para ahuyentar todo poder del enemigo y para que puedas arrancar y expulsar al mismo enemigo con sus ángeles apóstatas; por virtud del mismo Señor Nuestro Jesucristo, que ha de venir a juzgar a los vivos y a los muertos. Así sea.

Oración

Dios, que para la salud del género humano, pusiste la mayor parte de sus Sacramentos en la substancia de las aguas, atiende propicio nuestras invocaciones, y a este elemento, preparado con diversas purificaciones, infúndele la virtud de tu ben † dición, a fin de que tu criatura, sirviendo a tus misterios, reciba el afecto de tu divina gracia para arrojar los demonios y quitar las enfermedades; para que en cuanto en las casas o en los lugares de los fieles esta agua rociase, perezca toda inmundicia y se libre de todo mal; no resida allí el espíritu de la peste, ni el aura corruptora; se aparten todas las asechanzas del enemigo oculto y si nada hubiese que amenazase la incolumidad o el sosiego de sus moradores, huya y se aleje por la aspersión de esta agua; para que la salubridad pedida por medio de la invocación de tu Santo Nombre se vea libre de toda impugnación.

Se introduce tres veces la sal en el agua formando Cruz y se dice: Hágase igualmente la mezcla de la sal y del agua en nombre del Pa † dre y del Hi † jo y del Espíritu † Santo.

Así sea.

El Señor esté con nosotros.

Y con su espíritu.

Oración

Dios, autor del valor invencible, y Rey del Imperio insuperable y triunfador siempre magnífico, que reprimes las fuerzas de la dominación adversa, que vences la maldad del enemigo rugiente, que combates poderosamente sus infamias, a ti, Señor, temblorosos y suplicantes rogamos y pedimos que te dignes mirar esta criatura de sal y agua, que benévolo la ilustres y la santifiques con el rocío de tu piedad, para que cualquier cosa que fuese con ella rociada con la invocación de tu Santo Nombre se vea libre del contagio del espíritu inmundo, y alejado el terror de la venenosa serpiente, y se digne estar presente en todas partes el Espíritu Santo, para los que pedimos su misericordia.
Así sea.

Bendición de velas

Recibamos auxilio en nombre del Señor.
Que hizo el cielo y la tierra.
El Señor esté con nosotros.
Y con su espíritu.

Oración

Señor Jesu † Cristo, Hijo de Dios vivo ben † dice estas velas por nuestras súplicas; infúndeles, Señor, por virtud de la Santa † Cruz, la bendición celestial que les diste para disipar las tinieblas del género humano; y reciban tal bendición por la señal de la Santa † Cruz, para que en cualquier lugar donde se encendieren o se pusieren sean alejados los príncipes de las tinieblas, y se estremezcan y huyan asustados con todos sus ministros de aquellas habitaciones, y no intenten molestar más a los servidores tuyos, Dios Omnipotente, que vives y reinas por los siglos de los siglos. Así sea.
(Rocíense con agua bendita.)

Bendición de un lugar

Recibamos auxilio en nombre del Señor.
Que hizo el cielo y la tierra.
Señor, atiende mi oración.
Y mi súplica llegue a ti.
El Señor esté con nosotros.
Y con su espíritu.

Oración

Bendice † Señor Dios Omnipotente este lugar (o esta casa) para que haya en él (o en ella) salud, castidad, victoria, virtud, humildad, bondad y mansedumbre, plenitud de ley y acción de gracias al Dios Padre, y al Hijo, y al Espíritu Santo; y esta bendición permanezca sobre este lugar (o sobre esta casa) y sobre los que en él (o en ella) habiten ahora y siempre. Así sea.
(Rocíese con agua bendita.)

Bendición de una casa nueva

Recibamos auxilio en nombre del Señor.
Que hizo el cielo y la tierra.
El Señor esté con nosotros.
Y con su espíritu.

Oración

A ti, Dios Padre Omnipotente, encarecidamente regamos por esta casa, por sus habitantes y cosas, para que te dignes ben † decirla y santi † ficarla y con toda clase de bienes amplificarla. Dales, Señor, la abundancia del rocío celestial y la sustancia vital de la abundancia de la tierra, y lleva los deseos de ellos al efecto de tu misericordia. Así, pues, a nuestra entrada dígnate ben † decir y santificar esta casa, cual te dignaste bendecir la casa de Abraham, Isaac y Jacob; y entre las paredes de esta casa residan los ángeles de tu ley y la guarden a ella y a sus moradores. Por Cristo Señor Nuestro. Así sea. (Rocíese con agua bendita.)

Bendición del pan, vino y frutos contra el mal de garganta

Recibamos auxilio, etcétera.
Que hizo, etcétera.
Señor atiende, etcétera.
Y mi súplica, etcétera.
El Señor esté con nosotros.
Y con su espíritu.

Oración

Dios, Salvador del mundo, que consagraste el día de hoy con el martirio del beatísimo Blas, y que entre otras gracias le conferiste esta prerrogativa de que curase por tu virtud cualesquiera enfermedades de la garganta: humildemente rogamos y pedimos a tu inefable misericordia, que te dignes ben † decir y santi † ficar con tu piedad estos pan, vino, agua y frutos que el pueblo fiel te ha traído hoy devotamente para que sean santificados; a fin de que los que probaren de ellos se vean completamente curados de todo mal de garganta y de cualquier otra enfermedad de alma y cuerpo, por los méritos e intercesión del mismo San Blas, mártir y obispo tuyo. Que vives, y reinas,. Dios, por los siglos de los siglos. Así sea.

Bendición de una fuente

Recibamos auxilio, etcétera.
Que hizo, etcétera.
El Señor está con nosotros.
Y con su espíritu.

Oración

Suplicantes invocamos, Señor, la clemencia de tu piedad: para que santifiques el agua de esta fuente con la bendición celeste, y concedas que sea saludable para el uso de la vida y te dignes por ende ahuyentar la intervención de la tentación diabólica, de modo que cualquiera que bebiese de ella y de ella sacase y emplease el agua sacada para cualquier uso necesario, goce de la dulzura de toda virtud y sanidad y merezcan darte gracias a ti, Señor Santificador y Salvador de todos. Por Cristo Nuestro Señor. Así sea.

(Rocíese con agua bendita.)

Bendición de un pozo

Recibamos auxilio, etcétera.
Que hizo, etcétera.
El Señor esté con nosotros.
Y con su espíritu.

Oración

Señor Dios Omnipotente, que mandaste manar abundancia de aguas es la altura de este pozo, haz por tu auxilio y ben † dición que por nuestro ministerio le damos, rechazados de aquí los seres fantásticos y las acechanzas diabólicas, este pozo se mantenga siempre purificado y limpio. Por Cristo Señor Nuestro. Así sea.

Bendición de las semillas

Recibamos auxilio, etcétera.
Que hizo, etcétera.
El Señor esté con nosotros.
Y con su espíritu.

Oración

Te rogamos y pedimos, Señor, que te dignes ben † decir estos frutos de semillas, favorecerlos con el plácido soplo de leve aura. Por Cristo Señor Nuestro. Así sea.

Bendición de la cebada o de las mieses

Recibamos auxilio, etcétera.
Que hizo, etcétera.
El Señor esté con nosotros.
Y con su espíritu.

Oración

Señor Dios Omnipotente, que no dejas de dar a los hombres la abundancia por el rocío del cielo y las substancias por la plenitud de vida de la tierra; damos gracias a tu purísima Majestad por los frutos recogidos, suplicando a tu clemencia que te dignes defender de todo peligro y conservar y ben † decir estas mieses que hemos obtenido de tu benignidad. Y concede igualmente que aquellos, cuyo deseo en lo bueno satisficiste, se gloríen de tu custodia, alaben tus misericordias sin fin y pasen por los bienes temporales de tal modo que no pierdan los eternos. Por Cristo Señor Nuestro. Amén. (Rocíelas con agua bendita.)

Bendición de una embarazada próxima a parir

Recibamos auxilio, etcétera.
Que hizo, etcétera.
Haz salvar a tu esclava.
Que espera en ti, Dios mío.
Señor, sed para ella tono de fortaleza.
En frente del enemigo.
Y el hijo de iniquidad no consiga dañarla.
Envíale, Señor, auxilio santo.
Y desde Sión defiéndela.
Señor, atiende mi oración.
Y mi súplica llegue a Ti.
El Señor esté con nosotros.
Y con su espíritu.

Oración

Omnipotente y sempiterno Dios, que concediste a tus servidores reconocer la gloria de la Trinidad eterna y adorar la humildad en el poder de la Majestad, te rogamos que, por tu misma fe, en su enfermedad esta sierva tuya N., se vea siempre libre de toda adversidad. Por Cristo Señor Nuestro. Así sea.

Oración

Señor Dios. Creador de todas las cosas, fuerte, terrible, justo y misericordioso, que eres el solo bueno y poderoso, que libraste a Israel de todo mal, haciendo a nuestros padres agradables a ti y que los santificaste por mano de tu Espíritu; que preparaste, con la cooperación del Espíritu Santo, el cuerpo y el alma de la gloriosa Virgen María para que mereciese ser digna de tu Hijo: que llenaste del Espíritu Santo a Juan Bautista y le hiciste saltar en el vientre de su madre; acepta el sacrificio del corazón contrito y el fervoroso deseo de tu sierva N., que humildemente te suplica, para la conservación de la prole que le permitiste concebir; guarda tu parte y defiéndela de todo dolo e injuria del cruel enemigo, a fin de que por la obstetricante mano de tu misericordia venga su feto prósperamente a luz y se conserve con santa generación, y te sirva gustoso en todo y merezca conseguir la vida eterna. Por Nuestro Señor Jesucristo Hijo tuyo, que contigo vive y reina, en Unidad del Espíritu Santo, por todos los siglos de los siglos. Así sea.

(Rocíase la mujer con agua bendita y se dice entretanto el Salmo 56.)

Bendigamos al Padre y al Hijo con el Espíritu Santo.
Alabémosle y ensalcémosle por los siglos.
Dios envió a ti sus ángeles.
Para que te guarden en todos tus caminos.
Señor, atiende mi oración.
Y mi súplica llegue a Ti.
El Señor esté con nosotros.
Y con su espíritu.

Oración

Rogámoste, Señor, que visites esta habitación y arroja todas las asechanzas del enemigo lejos de ella y de la presente sierva tuya N.; tus santos ángeles habiten en ella y la guarden en paz a ella y a su prole y tu ben † dición sea siempre sobre ella. Sálvales, omnipotente Dios, y concédeles tu luz perpetua. Por Cristo Señor Nuestro. Así sea.

La bendición de Dios Omnipotente, Padre † e hijo † y Espíritu † Santo descienda y permanezca siempre sobre ti y sobre tu prole. Así sea.

Bendición para cualquier medicina

Recibamos auxilio, etcétera.
Que hizo, etcétera.
El Señor esté con nosotros.
Y con su espíritu.

Oración

Dios, que admirablemente creaste al hombre y más admirablemente lo reformaste; que en varias enfermedades, en las cuales se detiene la humana mortalidad, te has dignado acudir con múltiples remedios; sé propicio a nuestras invocaciones e infunde desde el cielo tu santa ben † dición sobre esta medicina para que aquel que la tomare (o aquellos que la tomaren) merezca (o merezcan) alcanzar la salud intelectual y corporal. Por Cristo Señor Nuestro. Así sea.

(Rocíese la medicina con agua bendita.)

Bendición de los volátiles

Dios, autor de toda la naturaleza, que te dignaste producir también del agua, entre otras diversas especies de criaturas, la especie de los volátiles para el uso del género humano, de las cuales Noé al salir del arca te ofreció grato holocausto; y que mandaste a tu pueblo, sacado de Egipto por tu siervo Moisés que comiesen de ellos, separando lo puro de lo impuro: suplicantes te rogamos que te dignes ben † decir y santi † ficar estas carnes de aves puras, a fin de que cualquiera que de ellas comiere se llene de abundancia de tu bendición, y merezca llegar a la pascua de la vida eterna. Por Cristo Señor Nuestro. Así sea.

Bendición de las abejas

Recibamos auxilio, etcétera.
Que hizo, etcétera.
El Señor esté con nosotros. Y con su espíritu.

Oración

Señor Dios Omnipotente, que creaste el cielo y la tierra, y todos los animales que sobre ella y en ellos existen, para que los hombres usen de ellos; y que mandaste que los ministros de la sacrosanta Iglesia encendieran cirios, sacados de los trabajos de las abejas, en el templo, mientras verificare el sagrado ministerio, en el cual se forma y se toma el sacrosanto cuerpo y sangre de Jesucristo Hijo tuyo; descienda tu santa ben † dición sobre estas abejas y sus colmenas; porque multipliquen y fructifiquen y se libren de todo mal, a fin de que los frutos procedentes de ellas se empleen en alabanza tuya, de tu Hijo y del Espíritu Santo y de la Santísima Virgen María. Por Cristo Señor Nuestro. Así sea.

(Rocíense las colmenas con agua bendita.)

Bendición de los rebaños y jumentos

Recibamos auxilio, etcétera.
Que hizo, etcétera.
El Señor esté con nosotros. Y con su espíritu.

Oración

Señor Dios, Rey de cielo y tierra, Verbo del Padre, por quien todo se hizo para nuestro sustento; te rogamos que mires nuestra humildad; y así como atendiste a nuestros trabajos y necesidades, así con tu benignísima compasión y celestial bendición te dignes ben † decir, defender y custodiar estos rebaños, y manadas (o este rebaño y manada), y proporcionar a tus siervos, con la provisión temporal la gracia perpetua; para que tu Santo Nombre con acción de gracias sea alabado y glorificado. Dios que vives y reinas con Dios Padre en unión del Espíritu Santo, por todos los siglos de los siglos. Así sea.

En el nombre del Pa † dre, del Hi † jo y del Espíritu † Santo. Así sea.

Bendición de los animales atacados de peste o de otra enfermedad

Recibamos auxilio en nombre del Señor
Que hizo el cielo y la tierra.

Señor, no obres en nosotros según nuestros pecados. Ni nos retribuyas según nuestras iniquidades.

Señor, salva a los hombres y los jumentos. Como multiplicaste, oh Dios, tu misericordia. Abres tu mano.

Y llenas todo animal de tu bendición. Señor, atiende mi oración.

Y mi súplica venga a ti. El Señor esté con nosotros. Y con su santo espíritu.

Oración

Dios, que subrogaste también para los trabajos de los hombres los auxilios de los animales mudos; rogámoste suplicantes que hagas que no perezcan aquellos que son para nuestros usos y sin los cuales no se alimenta la condición humana. Por Cristo Señor Nuestro. Así sea.

Suplicantes invocamos, Señor, tu misericordia, para que estos animales que están atacados de la enfermedad sean sanos en nombre tuyo y por virtud de esta ben † dición. Extíngase en ellos todo diabólico poder, y no vuelvan a enfermar. Sé para ellos, Señor, defensor de su vida y remedio de salud. Por el Señor Nuestro Jesucristo Hijo tuyo, que contigo vive y reina, etc. Así sea.

Oración

Rogámoste, Señor, que apartes propicio de tus fieles toda clase de azotes; y aleja la gravedad de todas las enfermedades que se ceban en los animales, para que los castigados merecidamente con estos azotes, se vean favorecidos por tu misericordia. Por Cristo Señor Nuestro. Así sea.
(Rocíeseles con agua bendita.)

Bendición para todas las cosas

Esta fórmula de bendición puede aplicársela para todas aquellas cosas que no la tengan especial.

Recibamos auxilio, etc. Que hizo, etcétera.
El Señor esté con nosotros. Y con su espíritu.

Oración

Dios, por cuya palabra se santifica todo, derrama tu bendición sobre esta criatura (o estas criaturas); y haz que cualquiera que de ella (o de ellas) hubiere usado según tu ley y voluntad con acción de gracias, por la invocación de tu santísimo nombre, perciba la salud del cuerpo y la defensa del alma por tu autoridad; por Cristo Señor Nuestro. Así sea.
(Rocíese con agua bendita.)

Bendición deprecatoria contra los ratones, langostas y gusanos, o cualesquiera otros animales nocivos

Levántate, Señor, y ayúdanos; y líbranos por tu nombre.

Dios, lo oímos con nuestro oído; nuestros padres nos lo enunciaron.

Gloria Patri, etc. Sicut erat, etcétera.

Repítase la Antifonía: Levántate, etcétera.

Recibamos auxilio, etcétera.

Que hizo, etcétera.

Señor atiende, etcétera.

Y mi súplica, etcétera.

El Señor esté con nosotros.

Y con su espíritu.

Oración

Rogámoste, Señor, que oigas con clemencia nuestras preces para los que estamos justamente afligidos por nuestros pecados y padecemos esta persecución de ratones (o langostas, o gusanos, etc.), nos veamos misericordiosamente libres de ella por la gloria de tu nombre; para que, expulsados (o expulsadas) lejos por tu poder, a nadie dañen o dejen tranquilos nuestros campos y prados, de modo que lo que de ellos naciere y saliere sirva a Tu Majestad y suvenga a nuestra necesidad. Por Cristo Señor Nuestro. Así sea.

Omnipotente sempiterno Dios, remunerador de todos los buenos, y conmiserador de los pecadores; a cuyo nombre se postra todo, en el cielo, en la tierra y en el infierno; por tu poder concédenos a nosotros pecadores, que de los que, confiados en tu misericordia, hacemos, consigamos el eficaz efecto; de modo que estos pestíferos ratones (o langostas, o gusanos, etc.), por nosotros tus siervos maldecidos, maldigas, segregados, segregues, exterminados, extermines, a fin de que libres de esta peste por tu clemencia, libremente damos acciones de gracias a Tu Majestad. Por Cristo Señor Nuestro. Así sea.

Exorcismo contra ratones, langostas, etcétera.

Yo os exorcizo, pestíferos ratones (o langostas, o gusanos, etc.), por Dios Padre † Omnipotente, por Jesucristo su único Hijo, por el Espíritu † Santo, procedente de ambos, para que inmediatamente os marchéis de nuestros campos y prados, y no habitéis más en ellos sino que paséis a aquellos lugares en donde a nadie podáis dañar; maldiciéndoos de parte del Omnipotente Dios y de toda la corte celestial y de la santa Iglesia de Dios, para que a donde quiera que fuereis seáis maldecidos (o maldecidas), extinguiéndoos de día en día y decreciendo, de modo que en ningún lugar se encuentren más restos de vosotros que los necesarios para la salud y uso humano. Lo cual se digne concedernos el que ha de venir a juzgar a los vivos y a los muertos.

(Rocíese con agua bendita el lugar infestado.)

Bendición de las candelas
para curar el mal de garganta

Recibamos auxilio, etcétera.
Que hizo el cielo, etc. Señor, atiende, etcétera.
Y mi súplica, etcétera.
El Señor esté con nosotros.
Y con su espíritu, etcétera.

Oración

Omnipotente y misericordioso Dios, que con una sola palabra creaste la diversidad de todas las cosas del mundo y que para la reforma de los hombres quisiste que se encarnase aquel mismo Verbo por el cual se hizo todo; que eres grande e inmenso, terrible y laudable, y haces cosas admirables; por la confesión de cuya fe el glorioso mártir y pontífice Blas alcanzó felizmente la palma del martirio sin asustarle las diversas clases de tormentos; y que conferiste al mismo, entre las demás gracias, la prerrogativa de que curase por tu virtud cualesquiera enfermedad de la garganta, humildemente rogamos a Tu Majestad que, sin mirar nuestras faltas, antes bien aplacado por sus méritos y preces, te dignes ben † decir y santificar con tu venerable piedad esta criatura de cera, infundiéndole tu gracia; para que todos aquellos cuyo cuello fuere tocado de buena fe por ella, se alivien de cualquier enfermedad de la garganta por los méritos de su martirio; y en tu Santa Iglesia, sanos y alegres te den acción de gracias y alaben tu glorioso nombre que es bendecido por los siglos. Por Nuestro Señor Jesucristo tu Hijo: que contigo vive y reina en unión del Espíritu Santo Dios, por todos los siglos.

(Rocíense con agua bendita.)

Por la intercesión de San Blas, obispo y mártir, te libre Dios, del mal de garganta y de cualquier otro mal. En nombre del Padre † y del Hijo † y del Espíritu † Santo.

Capítulo iv

CONJUROS Y EXORCISMOS

Conjuro para un moribundo

En nombre de Dios Padre Todopoderoso, y de su Unigénito Hijo, y del Espíritu Santo, conjuro † exorcizo † y mando a todo maligno espíritu que salga de este lugar y no vuelva más aquí, no se atreva a estorbar el sosiego de esta alma: teman la fuerza y virtud de esta santísima † Cruz, en la cual nos redimió nuestro capitán Jesús, a quien en ella adoramos y muy humildes pedimos que nos socorra y defienda de todo engaño y peligro.

No temas, alma cristiana, que estando aquí enarbolando el estandarte de Cristo, no tienen tus enemigos poder para hacerte mal: segura puedes salir y seguir esta bandera, de quien todos tus contrarios huyen muy a su pesar, por haber sido vencidos con la muerte de Cristo en ella. Llámala por tu Capitán, di muchas veces Jesús, Jesús, Jesús me ayude, ampare y defienda. Amén.

Clementísimo Jesús, que siendo Dios inmortal, os obligó nuestro amor a vestiros el sayal de nuestra naturaleza: dignaos por esa piedad con que mirasteis al hombre, socorrer a esta alma; no permitáis que se pierda esta alma que vos redimisteis con la muy preciosa sangre que en el árbol de la Cruz salió de esas cinco llagas de manos, pies y costados. Poderoso sois, Señor, y en vuestras manos tenéis los tesoros celestiales: aceptad la petición en que humildes os rogamos y contritos os pedimos, que interviniendo los méritos de vuestra Pasión y Muerte, juntos con la intercesión de vuestra Madre Santísima y la de todos los Santos, mandéis a los Santos Ángeles que luego que se despida de la cárcel de su cuerpo, la lleven derecha al cielo, a donde os alabe y descanse por los siglos de los siglos. Amén.

Sal, alma cristiana, de este mundo, depuesto todo temor. Sal en nombre de Dios Padre Todopoderoso que te creó, en nombre de Jesucristo su Unigénito Hijo y Señor nuestro que por ti murió, y en nombre del Espíritu Santo que te adornó con su gracia en el sagrado bautismo. Sal invocando a Jesús nuestro invicto Capitán. Sal, que aquí está tu bandera, la santísima Cruz, para guiarte y librarte de todos tus enemigos. Sal muy alegre y gozosa, pues dejas la estrecha cárcel de ese tu cuerpo de tierra y vas a ser ciudadana de la Corte Celestial y a vivir en compañía de los Ángeles y Arcángeles, de los Tronos y Dominaciones, de los Principados y Potestades, de los Querubines y Serafines. Sal a reinar con Cristo y sus sagrados Apóstoles, a triunfar de tus enemigos entre los gloriosos mártires, a gozar de eterno descanso con los Santos Confesores y a dar a Dios alabanzas entre Castísimas Vírgenes por los siglos de los siglos. Amén.

Dios clementísimo, Dios piadosísimo, Dios que por vuestra bondad y misericordia infinita perdonáis nuestras ofensas a los que con humildad os piden el perdón de ellas; dignaos por vuestra clemencia amparar a esta criatura hecha de vuestras manos, a quien no dioses extraños sino Vos solo creasteis; porque sólo Vos, Señor, sois Dios vivo y verdadero, a quien humildes pedimos que recibáis los suspiros y lágrimas con que os llama, y que al tiempo de espirar, mandéis a su santo Ángel que vuele con ella al cielo, donde consiga la dicha de que Vuestra Majestad, recibiéndola amoroso, le deis vuestra bendición y la mandéis colocar con los santos Patriarcas, para que junto con ellos os adore y bendiga por los siglos de los siglos. Amén,

A Dios, cuya criatura eres, te recomiendo, hermano mío, para que en llegando la hora de que pagues con la muerte la deuda común de la carne, vuelvas al mismo Señor, que de nada te creo, cercada de sus Santos Ángeles, asistida del Senado de los sagrados Apóstoles, escoltada de escuadrones lucidísimos de Mártires, defendida del ejército de los Santos Confesores y festejada del coro de las Vírgenes Sagradas.

Y no veas en tu jornada aquel horrible temblar y continuo crujir de dientes que en las oscuras tinieblas de las cavernas infernales padecen los condenados. Ni tengan que ver contigo aquellas voraces llamas y tormentos del infierno. Huyan de ti Satanás con toda su comitiva, y al verte subir cercada de tan noble compañía desaparezca fugitivo con tanta velocidad como la cera se ablanda cuando la arriman al fuego, y como a vista del viento el humo desaparece. Hágate Dios tan dichosa, que subiendo de aquí al Cielo, halles las puertas abiertas y todos sus moradores te salgan a recibir, y por ellos seas llevada ante el Trono y Majestad de este Divino Señor, y donde veas con tus ojos a la humanidad Santísima de Cristo tu Redentor, que mirándote apacible y con alegre semblante, te reciba y reconozca por oveja de su rebaño y te diga con amor: ven, bendita de mi Padre, a la gloria perdurable para la que fuiste creada. Amén.

Cobra esfuerzo, alma cristiana con esta rogativa que se hace por ti, y parte muy confiada en la bondad del Señor y los méritos de Cristo nuestro Dios y Redentor: no temas al enemigo que por la virtud divina y de esta Santa † Cruz has de salir con victoria, y él y todos sus secuaces han de bajar al infierno a penar eternamente por su loca presunción. Pon tu cuidado en el cielo, donde te están esperando nuestros hermanos los Santos, para que junto con ellos alabes a tu creador por siglos eternos. Amén.

Recibe, Señor, el alma de este humilde siervo y por tu misericordia dígnate socorrerla y librarla del infierno y de sus voraces llamas, oscuridad y tormentos. Amén.

Líbrala, Señor, como libraste a Enoch y a Elías de la muerte común del mundo. Amén.

Líbrala, Señor, como libraste a Noé del diluvio. Amén. Líbrala, Señor, como libraste a Abraham del incendio de los caldeos. Amén.

Líbrala, Señor, como libraste a Job de sus pasiones. Amén.

Líbrala, Señor, como libraste a Isaac del sacrificio y del cuchillo de su padre Abraham. Amén.

Líbrala, Señor, como libraste a Lot de Sodoma y sus incendios. Amén.

Líbrala, Señor, como libraste a Moisés de Faraón, rey de Egipto. Amén.

Líbrala, Señor, como libraste a Daniel del lago de los leones. Amén.

Líbrala, Señor, como libraste a los tres niños, del horno de Babilonia. Amén.

Líbrala, Señor, como libraste a Susana del falso testimonio. Amén.

Líbrala, Señor, como libraste a David de manos del rey Saúl y del gigante Goliat. Amén.

Líbrala, Señor, como libraste a San Pedro y San Pablo de sus prisiones. Amén.

Y así como libraste a Santa Tecla Virgen y Mártir de tres crudelísimos tormentos, así te rogamos, Señor la libres de todos sus enemigos y la lleves a tu Gloria donde te alabe y bendiga por los siglos de los siglos. Amén.

Gloriosa Virgen María, Madre de misericordia, dignaos venir y asistir a la salida que hace esta alma de su cuerpo con Dios niño en vuestros brazos, y alcanzad con vuestros ruegos que le eche su bendición y la saque de este mundo y la mande colocar en los jardines amenos del Paraíso celestial, donde junto con los Santos que allí lo están alabando, lo bendiga eternamente. Amén.

Ángeles y Arcángeles, Tronos y Dominaciones, Principados y Potestades, Querubines y Serafines, asistid todos a esta alma, animadla y defendedla de todos sus enemigos hasta que habiendo expirado, os veáis con ella en los cielos. Amén.

Muy glorioso San José, esposo amantísimo de la Reina de los Ángeles; mirad la necesidad en que esta pobre alma se halla y dignaos socorrerla asistiendo a su partida y pidiendo al Juez supremo que use de piedad con ella. Amén.

Glorioso Alférez de Cristo, seráfico San Francisco, que viviendo en este mundo erais todo caridad, y vuestro mayor empleo la salvación de las almas; mirad la aflicción de ésta y venir a socorrerla, hallándolos a su partida con todos los demás santos de vuestra Orden Seráfica, y haciéndola compañía hasta que sea presentada en el tribunal de Dios, a donde aboguéis por ella y la alcancéis del Señor la remisión de sus culpas, y asimismo las penas que debe pagar por ellas, detenida en el purgatorio. Amén.

A todos los santos Ángeles y Santos del Cielo y Tierra invoco y pido humildemente que oren y rueguen por ti, alma cristiana, y te consigan la gracia de que en saliendo de aquí te vayas a descansar. Amén.

Y yo, en nombre de Dios, te aplico en satisfacción de tus culpas y pecados, los méritos infinitos de la Vida, Pasión y Muerte de Cristo Redentor nuestro; y asimismo te concedo todas aquellas gracias, perdones e indulgencias que pueden conducirte a la gloria. Amén.

Bendí † gate Dios Padre, bendí † gate Dios Hijo, bendí † gate Dios Espíritu Santo. Glorifí † quete Dios Padre, glorifí † quete Dios Hijo, glorifí † quete Dios Espíritu Santo. Amén.

Conjuro contra duendes y brujas

Recibamos auxilio, etcétera.
Que hizo, etcétera.
El Señor esté, etcétera.
Y con su espíritu, etcétera.

Oración

Omnipotente sempiterno Dios, que conferiste a tus siervos una gracia, para que cuanto por ellos se haga digna y perfectamente en tu nombre, se crea ser hecho por él: rogamos a tu clemencia que visites lo que ahora hemos visitado, y bendigas lo que hemos de bendecir, y extiendas la diestra de tu poder a lo que hemos de hacer, para que al entrar nuestra humildad, por tu Invocación, sean ahuyentados todos los espíritus malignos con sus afectores y que los Ángeles de paz guarden esta casa y sus habitantes; para que excluido el temor de los enemigos, y consolidados con la fe, te presten servidumbre. Por Cristo, etcétera.

El Señor esté con nosotros.
Y con su espíritu.
Continuación del Santo Evangelio según San Lucas.

Gloria a ti, Señor.

En aquel tiempo: había un varón llamado Zaqueo, y éste era príncipe de los Publicanos y rico; deseando ver quién era Jesús, trepó en una morera; Jesús le vio y díjole: "Zaqueo; desciende pronto porque conviene que hoy esté yo en tu casa"; y apresurándose descendió y lo recibió gozoso, y viéndolo todos murmuraban diciendo por qué atendía a un hombre pecador: levantándose empero Zaqueo dijo al Señor: "He aquí, Señor, que doy la mitad de mis bienes a los pobres, y si a alguien defraudé le devuelvo el cuádruplo"; díjole el Señor: "porque hoy ha sido hecha la salud en esta casa, por cuanto también él sea hijo de Abraham, pues el hijo del hombre vino a buscar, y a salvar lo que había parecido".

Alabanza te sea dada, Jesucristo.

Por el Evangelio dicho, disípense y redúzcanse a nada todos los fraudes, y las asechanzas del enemigo oculto y todo espíritu maligno, o duende, huya de esta casa, con toda su malicia. Así sea.

Oración

Señor Jesús, remedio de los que a ti claman, y única esperanza de los creyentes, dirige nuestros pasos hacia el bien y salud de esta casa y de sus habitantes, así como entrando limpio, santificaste a Zaqueo y llenaste de bendiciones con tu presencia corporal su casa; así también te dignes bendecir † y santi † ficar esta casa: para que sus habitantes salvados por tu bendición gocen y te reconozcan a ti solo Dios Salvador y libertador y te sirvan con agradable servidumbre. Que vives y reinas con el Padre, etcétera.

Conjuro

Contra vosotros, espíritus rebeldes que os encontráis en esta casa y la vejáis, levanto la enseña de Cristo (*muéstreles la Cruz*), e invocando el auxilio divino, y la virtud del dulcísimo nombre de Jesús y la ayuda de la Santísima Virgen María, de los Santos Ángeles, y de los Apóstoles, Mártires, Confesores y Vírgenes y de todos los Santos os † conjuro y mando que sin demora os marchéis de esta casa, disolviendo todo maleficio hecho inmediatamente por vosotros o por cualquier miembro vuestro, cuyo maleficio de hecho disuelvo en nombre de Jesucristo Nazareno, y decido estar disuelto y os ate con precepto formal de obediencia; para que no podáis permanecer, ni volver, ni enviar a otros, ni perturbar el paso, ni aterrorizar, bajo la pena de inmersión en el lago de fuego y de azufre por años mil. Con el concurso del mismo Señor Nuestro Jesucristo, que con el Padre, etcétera.

Así sea.

Dicho esto, se recorre toda la casa llevando la candela encendida y rociando con agua bendita las paredes, a la vez que con algún instrumento se hace la señal de la cruz, y se dice:

He aquí la Cruz † del Señor Nuestro Jesucristo, Salvador del mundo; huid partes adversas.

Después se rezan los salmos 119, 120, 121, 122 y 123, y puestos en la parte donde más se siente el duende, se dice:

El Señor esté con nosotros.

Y con su espíritu.

Oración

Señor Jesucristo que habitas en las piedras vivas de los Hijos de Abraham y llenas sus moradas de tus bendiciones: entra, ben † dice y santifica esta casa y los corazones de los que en ella viven; enciende vehemente con el fuego de tu amor, para que firmemente, edificados sobre la piedra, no sean turbados por ninguna incursión de espíritus malignos ni de duendes. Que con el Padre, etcétera.

Se repite el conjuro Contra vosotros, etc. y se rezan los Salmos 124, 125, 126, 127 y 128, continuando luego:

Kyrie Eleyson

Christe eleyson

Kyrie Eleyson

Padre nuestro. (Se reza)

Y no nos dejes caer en la tentación

Mas líbranos de todo

Señor atiende, etc. Y mi súplica, etcétera.

El Señor, etcétera.

Y con su espíritu.

Oración

Señor Jesucristo, refugio de los atribulados, salud de los enfermos, libertador de los dominados: libra esta casa y a todos los que en ella habitan de toda molestia de demonios y de duendes; y para que ninguna asechanza de los espíritus malignos les pueda perturbar, fecunda con el rocío y la íntima aspersión del Espíritu Santo. Que con el Padre, etcétera.

Conjuro

Por vez tercera me alzo contra vosotros, espíritus rebeldes que permanecéis y vejáis esta casa, y elevando la insignia de Cristo, os exor † cizo, y perentoriamente os mando que con toda vuestra malicia y acompañamiento os marchéis de ella, y en adelante no pretendáis volver a ella, por cuanto el Señor por mi ministerio la ben † dice y santi † fica; para que todos los que en ella habitan, vivan sin temor y sin terror, y alaben a Él, que en Trinidad perfecta vive y reina, etcétera.

Récense los salmos 129, 130, 131, 132 y 133, los Kyries y el Padre Nuestro, y luego, sígase:

Y no nos dejes, etcétera.

Mas líbranos, etcétera.

Sé para nosotros, Señor, Dios protector.

Y casa de refugio.

Señor, atiende mi oración.

Y mi súplica llegue a ti.

El Señor, etcétera.

Y con su espíritu.

Oración

Omnipotente sempiterno Dios, que en todos los lugares de tu dominio, asistes todo, dominas todo y te compadeces de todo, atiende a nuestras súplicas y sé edificador, protector y libertador de esta casa, para que ninguna maldad de la potestad contraria la asedie y ninguna malicia de demonios o duendes la domine, antes bien, por virtud del Espíritu Santo se convierta en domicilio de tu protección y descanso de tu ben † dición: dígnate enviar a tus Santos Ángeles que de día y de noche la custodien, y defiendan a sus moradores de todo espíritu maligno. Por Cristo, etcétera.

Se bendice un poco de incienso, diciendo: Recibamos auxilio, etcétera.

Que hizo, etcétera.

Señor Dios Omnipotente a quien temblando obedece el ejército de los Ángeles, dígnate ben † decir y santi † ficar esta criatura de incienso: para que todas las languideces, todas las enfermedades y todas las asechanzas del enemigo, sintiendo su olor, huyan y se separen de toda criatura y lugar donde fuere puesto o quemado. Por Cristo, etcétera.

Se rocía con agua bendita y luego se echa en las brasas, añadiendo:

Este incienso por ti, Señor, bendecido, ascienda a ti, y descienda sobre nosotros tu misericordia, y cual libraste a Sara del demonio Asmodeo, así te dignes librar esta casa y todos sus habitantes con el olor de este incienso, de toda sugestión de demonios y de duendes.

Hácese una cruz en el aire a la vea que se dice:

La bendición de Dios Omnipotente Padre Hijo y Espíritu † Santo descienda sobre esta casa y permanezca siempre en ella. Así sea.

Conjuro contra tempestades

Por la señal de la Santa † Cruz, de nuestros enemigos líbranos.

Señor † Dios nuestro.

Así sea.

Creo en Dios Padre, etcétera.

Señor, tened piedad de nosotros.

Jesucristo, tened piedad de nosotros.

Señor, tened piedad de nosotros.

Padre nuestro. (Se reza.)

Y no nos dejes caer en la tentación.

Mas líbranos del mal.

Muéstranos, Señor, tu misericordia.

Y danos tu bendición.

Jesucristo, ayúdanos.

Y líbranos por tu nombre.
Señor, atiende mi oración.
Y mi ruego llegue a ti.
El Señor, etcétera.
Y con su espíritu.

Oración

Señor mío Jesucristo, que purificaste el Jordán en cuyas aguas quisiste ser bautizado, así como purificaste el aire al extender tus sacratísimas manos sobre los brazos del árbol de la Cruz, imploramos tu piedad para que de la nube que tengo ante mí, y a mi espalda, y sobre mi cabeza, y a mi derecha, y mi izquierda, elimines toda malignidad, deshaciendo el aire huracanado que la mantiene, ligando el poder infernal que la impulsa, convirtiendo su asolador hálito en lluvia benéfica, y derramando tu santo espíritu sobre todos los que la temen, a fin de que tu Santo Nombre sea bendecido y ensalzado con el Padre y el Espíritu Santo. Así sea. Pidamos auxilio en nombre del Señor.
Que hizo el cielo y la tierra.
Exorcí † zote, criatura de nube, en nombre de Dios Padre † omnipotente, en nombre de Jesu † Cristo hijo suyo y Señor nuestro y por la virtud del Espíritu † Santo, para que seas nube exorcizada, y bendita, y para que desaparezca de ti toda malicia, y te abandonen todos los espíritus malignos, y sirvas para nuestro bien, por la virtud y poder de quien ha de juzgar a los vivos y difuntos. Así sea.
Aspergéese con agua bendita y formando cruz a la nube, añadiendo:
El Señor sea con nosotros.
Y con su espíritu.

Oración

Atiende, Señor, nuestro ruego y permite a tus santos Ángeles que nos defiendan a nosotros y nuestras tierras de todo peligro y disipen y destruyan esta tempestad. Por Cristo, etcétera.
Amén.

Vuelto de cara a las nubes y haciendo las indicadas cruces, dígase:

Rodéete, nube, Dios † Padre; rodéete, nube, Dios † Hijo; rodéete, nube, Dios † Espíritu Santo. Comprímate, nube, Dios † Padre; comprímate nube, Dios † Hijo; comprímate, nube, Dios † Espíritu Santo. Destrúyate, nube, Dios † Padre; destrúyate, nube, Dios † Hijo; destrúyate, nube, Dios † Espíritu Santo. Así sea.

San Mateo, San Marcos, San Lucas, San Juan Evangelista, que el Evangelio de Cristo por las cuatro partes del mundo divulgasteis, por vuestros méritos y por las presentes preces, dad fin a esta tempestad para bien de todos los cristianos y en unión de Nuestro Señor Jesucristo, guardadnos, defendednos y amparadnos.

Y yo, pecador, y siervo de Cristo, aunque en verdad indignamente revestido de la autoridad y virtud del mismo Dios y de Nuestro Señor Jesucristo, Emperadores de todo lo creado, no por eso confundirá ni destruirá mi poder el espíritu inmundo que excita a esas nubes y nieblas, y por virtud del mismo Dios y de Nuestro Señor Jesucristo, por su santísima Encarnación, por su Santo Nacimiento, por su Bautismo y ayuno, por su santísima Cruz † y Pasión, por su santa Resurrección, por su admirable Ascensión, por su tremendo advenimiento y juicio, por los nunca bien ponderados méritos de la Santísima Virgen María y por los méritos de todos los Santos y Santas, aléjate y descárgate en los parajes silvestres e incultos, en los que no puedas causar daño a los hombres, frutos, hierbas y árboles, o a ninguna otra cosa destinada para uso de la humanidad. Por Cristo Señor nuestro.

Así sea.

Muéstrese la Cruz, diciendo:

He aquí el santo madero de la Cruz: huid, partes adversas; venció el León de la tribu de Judá, Jesucristo Señor nuestro, raíz de David. Alabado sea.

Cristo Rey vino en paz, y Dios se hizo hombre, y el Verbo se hizo carne, Cristo nació de una Virgen, Cristo andaba en paz por medio de ellos, Cristo fue crucificado, muerto y sepultado, y resucitó de entre los muertos y subió al Cielo. Cristo vence, Cristo reina, Cristo impera, Cristo del enemigo malo y de rayos y tempestades nos defienda. Dios esto con nosotros.

El Señor esté con nosotros.

Y con tu espíritu.

Fragmento del Evangelio según San Juan.

Gloria al Señor.

En el principio (sígase recitando este Evangelio, capítulo I, páginas 11 y 12).

Oración

Señor Nuestro Jesucristo, que viniste a este mundo para salvarnos de la esclavitud del pecado, oye nuestro clamor y no permitas que los frutos de la tierra sean destruidos por esta tempestad, por la intercesión de tu santísima Madre la siempre Virgen María y de todos los Santos que con el Padre y el Espíritu Santo gozan de la bienaventuranza.

Así sea.

Te conjuro † maligna tempestad y ato a los demonios que te impelen con su malicia, por Dios † increado, para que no puedas descargar en este predio, ni en tierra cristiana, rayos, granizos, ni aguas inficionadas y calamitosas, sino en sitio donde no hagas daños, o bien te disuelvas como la sal en el agua.

Amén.

He aquí el santo madero, etcétera.

Oración

Señor nuestro Jesucristo Hijo de Dios, que por redimir nuestros pecados quisiste derramar tu preciosísima sangre en la Cruz, muévase tu clemencia y ben † dice y santi † fica esta nube, para que se convierta en agua santificada y lluvia bonancible que fructifique nuestros campos. Tú que con el Padre, etc. Así sea.

Te con † juro, nube, y a ti, demonio que la concitas y a vosotros vientos orientales y meridionales, occidentales o australes, que la impeléis en nombre de la Santísima Trinidad, para que no nos lesiones, ni a nuestros frutos, ni a ninguna criatura hecha por Dios para su honra y nuestro servicio. Amén.

Segunda vez os con † juro, inmundísimos espíritus, nubes y aires, por virtud de la Santísima † Cruz, cuya efigie os presento, en donde consiguió su triunfo † y gloria al Redentor del mundo y os mando que en honor y † gloria de Dios paséis con esta tempestad al yermo, y allí os desvanezcáis sin lesionar al hombre, animal, ni fruto. Así sea.

Oración

Amantísimo Jesús, que voluntariamente quisiste cargar con el leño de nuestras culpas para conquistarnos la gloria eterna, extiende tu piedad y no permitas que esta mala nube arrase nuestras mieses, nuestros prados, nuestros árboles frutales y todo cuanto tu longaminidad nos dio para el sustento. Así sea.

Conjuro †, tenebrosa tempestad, por las cinco llagas de nuestro amantísimo Jesús, y por la sangre y agua que brotó de su costado, para que así como fue separado el cielo de la tierra, el justo del injusto y el infierno del paraíso, así seas tú separada de las tierras de nuestra labor a fin de que en nada perjudiques. Amén.

He aquí el santo madero, etcétera.

Gloriosa e inmaculada Virgen María, Madre de Dios, intercede por nosotros; en tu protección esperamos, consuelo de afligidos y refugio de pecadores; por tus méritos creemos alcanzar del Padre, del Hijo y del Espíritu Santo, que nos aparte esta tribulación. Amén.

Te conjuro, horrorosa tempestad, y a vosotros, demonios concitantes de ella, por la Beatísima Virgen María y por su caridad, humildad y pureza, y os ato para que no taléis sembrados, viñas, árboles ni ningún otro fruto de los que nuestro Dios nos ha otorgado como sustento. Amén.

He aquí el santo madero, etcétera.

Tercera vez os con † juro, nubes y demonios, por los santos Ángeles y Arcángeles Miguel, Gabriel, Rafael y Uriel, y por todos los Coros y Potestades, para que no descarguéis vuestra malicia sobre nuestro término, antes por el contrario, convertidos en agua ben † dita y frutos de bendición, contribuyáis a aumentar los dones que nos otorgó Dios nuestro Señor que vive y reina con los Ángeles y Arcángeles, con los Tronos y Dominaciones, con las Virtudes y Potestades, con los Querubines y Serafines que constantemente te rinden alabanzas diciendo: Santo, Santo, Santo Dios de Sabaoth, que eres, es y serás, el que ha de juzgar a vivos y muertos por los siglos de los siglos. Así sea.

He aquí el santo madero, etcétera.

Señor Dios Padre Ommipotente, Adonay, Sabaoth, sálvanos de la malignidad diabólica como salvaste a Daniel del lago de los leones y a Moisés de la ira de Faraón; no consientas que nuestros términos sean asolados por esa nefasta nube. Por Cristo, etcétera.

Te con † juro, maldita tempestad, y a vosotros, espíritus del Tártaro, y por la potestad que Jesús confirió a sus discípulos y sucesores y a los que en Él creyeran, os ato y os obligo a descargar en barrancos o en montes incultos en donde a nadie podáis perjudicar.

Id, malditos espíritus: os lo manda Dios † Padre, Dios † Hijo y Dios Espíritu Santo. Os lo manda Je † sús, de quien el Padre Eterno desde una nube lúcida dijo estas palabras: Este es mi verdadero Hijo en quien confío el cuidado de todas las cosas. Para destruir vuestro poder extendió su santísimo † cuerpo en la sacratísima cruz; y por lo mismo murió † limitando, dominando y emancipando vuestro poder inmundo; y por lo mismo resucitó de entre los muertos; y por esto mismo después de 40 días ascendió † a los cielos; y por esto mismo vendrá a juzgar a los vivos y a los muertos: por los siglos de los siglos. Amén.

He aquí el santo madero, etcétera.

Oración

Protege, Señor, a este tu pueblo y su término por los méritos de la Santísima Virgen, la intercesión de N. S. † y de todos los santos cuyo patrocinio invocamos contra el poder del enemigo.

Omnipotente y sempiterno Dios, que tantos privilegios concediste a tus siervos Jorge, Blas, Pantaleón, Margarita y Bárbara, no nos desampares en nuestra tribulación ya que imploramos tu auxilio, y si no por nuestros méritos, por los de estos bienaventurados haz que merezcamos con la salud del cuerpo y la paz del espíritu, vernos libres de esta tempestad. Por Cristo Señor nuestro, etcétera.

Vosotros, Santos ángeles de Dios, Miguel, Gabriel y Rafael, custodiadnos y custodiad nuestros campos y sus frutos, y defendednos siempre del enemigo malo.

La bendi † ción de Dios Padre Omnipotente, del Hijo y del Espíritu Santo descienda sobre estos términos. Así sea.

(Si la tempestad no cesare, repítanse los conjuros en todo o en parte y récese la letanía de los Santos que se halla en la página 97.)

Exorcismo para los que están enfermos por maleficios

Recibamos auxilio en nombre del Señor. Que hizo el cielo y la tierra.

Te exorcizo †, N., criatura de Dios, en nombre de Dios Pa † dre Omnipotente, y en nombre de Jesu † Cristo su Hijo, Señor nuestro y en virtud del Espíritu † Santo para que seas vaso limpio y expurgado de toda mancha de iniquidad; y de todos los maleficios del diablo y de sus ministros de cualquier modo que fueren hechos, cuyos maleficios todos, en nombre de nuestro Dios Omnipotente disuelvo y dispongo sean disueltos, y te ato a ti, maldito Diablo, y a todos tus compañeros, para que jamás podáis, ni tengáis potestad, de permanecer en este cuerpo, antes bien, tengáis que marcharos inmediatamente, con todos vuestros maleficios, expulsados en el nombre y por virtud del mismo Dios nuestro Omnipotente. Así sea. El Señor sea con nosotros.

Y con su espíritu.

Oración

Omnipotente sempiterno Dios, rogamos suplicantes que mandes a estos espíritus malignos que molestan a esta criatura, que se marchen de ella y nos envíes a tu santo Ángel Rafael para que la cure y a San Miguel para que defienda de todo enemigo. Por Cristo Nuestro, etcétera.

Conjuro

Os exorcizo † espíritus malditos, y os mando que huyáis de esta criatura de Dios armada con la se † ñal (en la frente) de la santísima Cruz; para que no podáis molestarla, ni perturbar sus sentidos interiores ni exteriores, ni conmover humores, ni traer indefecación, ni vejar con imbecilidad cualquiera, ni privarla de descanso en horas de día ni de noche, bajo pena de enviaros al lago de fuego y azufre, por ministerio de Lucifer, a quien conjuro † por Dios vivo y verdadero y mando que os obligue a obedecer y apartaros de esta criatura. Así sea.

Nuevamente te señalo con la enseña de la Santa Cruz † de Jesucristo Señor nuestro, por cuya virtud sea hecha sana de toda calentura, dolor y enfermedad; y así mismo te veas libre de las persecuciones del diablo y de sus ministros, con el auxilio del mismo Señor nuestro Jesucristo. Así sea.

La virtud de la Santa Cruz † sea encima de ti, dentro de ti, cerca de ti, ante ti y tras de ti. Así sea.

Exorcismo para hombres, mujeres y ganados mordidos por animales ponzoñosos y rabiosos
Puede servir también para cualquier dolor grave

Puestos los circunstantes de rodillas, dirá el Yo pecador y el Credo, luego se rociará al enfermo con agua bendita, y se dirá:

Me rociarás, Señor, con hisopo, y seré limpio.

Señor, ten piedad de nosotros.

Jesucristo ten piedad de nosotros.

Señor, ten piedad de nosotros.

Padre nuestro (se reza).

Y no nos dejes caer en la tentación.

El Señor sea con nosotros.

Y con su espíritu.

Oración

Rogamos al Señor Dios nuestro, Creador del cielo y de la tierra, que así como, formando el hombre de barro, lo hizo a su imagen y semejanza, así también para alabanza y gloria de su nombre, libre y preserve a esta criatura de toda enfermedad de (tal) dolor.

En nombre de la Santísima e indivisible Trinidad, Padre, Hijo y Espíritu Santo, te exorcizo † y señalo † con la señal de la Santa Cruz; por su virtud te libre Dios y te cure de todas sus enfermedades y de (tal) dolor. Así sea.

Asimismo te exorcizo † y señalo † en nombre de Jesucristo Nazareno Señor y Redentor nuestro, te salvo de † todas tus enfermedades y de (tales) dolores, y quiero que quedes curada en honor y alabanza del mismo Jesucristo Señor Nuestro y del santísimo nombre de Jesús. Así sea.

El señor esté con vosotros. Y con su espíritu.

Oración

Jesucristo Señor y salvador nuestro, que dijiste a tus apóstoles: todo lo que en mi nombre pidáis, lo haré; invocamos tu clemencia, y por tu santo nombre de Jesús y por tu preciosa sangre que por nosotros derramaste en tu Pasión, para que atiendas nuestra súplica, y te dignes curar a esta criatura de la enfermedad y dolor que padece. Tú que con el Padre, etcétera.

En nombre de la Santísima y Milagrosísima imagen de Nuestra Señora del Mote de la Salud te exorcizo † y te libro † de la enfermedad y del dolor (tal) que sostiene, rogando a la beatísima Virgen María que por la devoción y los milagros de aquella su santísima imagen, te alcance del Señor la salud. Así sea.

En nombre del Santísimo José, y de San Agustín y de los santos abades Benito y Bernardo, y de los beatos confesores Domingo, Francisco y Antonio de Padua y Jacinto, te exor † cizo rogando al Señor Dios nuestro que por los méritos e intercesión de aquellos se digne curarte de la enfermedad y del dolor (tal) que te atormenta. Así sea.

Asimismo te exorcizo † en nombre de los santos Jeróni-
mos, Egidio, Roque, Sebastián y Eustaquio, que merecieron
del Señor el poder de ahuyentar la peste, dominar las fieras,
y domesticarlas para servirse de ellas, para que por sus méritos se separe de ti toda enfermedad y dolor (tal) y venga sobre ti salud perfecta. Así sea.

Dios se compadezca de nosotros y nos bendiga; ilumine
su faz sobre nosotros y se compadezca de nosotros.

Para que conozcamos tu camino en la tierra, salúdente
todas las naciones.

Confiésente los pueblos, oh Dios; todos los pueblos te
confiesen. Alégrense, regocíjense las naciones; porque juz-
gas con equidad a tus pueblos, y diriges las naciones en la
Tierra.

Confiésente los pueblos, oh Dios; todos los pueblos te
confiesen; la tierra dio su fruto.

Bendíganos, Dios nuestro, bendíganos Dios; y témanle
todos los confines de la Tierra.

Gloria al Padre, al Hijo y al Espíritu Santo: cual era al principio, ahora y siempre, y por los siglos de los siglos.

Así sea.

Díganse los salmos 6 y 7 y luego continúese:

Señor, ten piedad de nosotros.

Jesucristo, ten piedad de nosotros.

Señor, ten piedad de nosotros.

Padre nuestro (se reza).

Y no nos dejes caer en la tentación.

Mas líbranos del mal.

Emite tu espíritu y serán creados.

Y renovarás la faz de la Tierra.

Levántate, Señor; ayúdanos.

Y líbranos por tu nombre.

Ruega con nosotros

Santa Madre de Dios.

Para que nos hagamos dignos de las promesas de Cristo.

Señor atiende mi oración.

Y mi clamor llegue a ti.

El Señor esté con nosotros.

Y con su espíritu.

Oración

Dios, que manifiestas tu omnipotencia perdonando muchísimo y compadeciendo, multiplica sobre nosotros tus beneficios, y así como libraste misericordiosamente en el desierto a tu pueblo de las mordeduras de las serpientes envenenadas por la serpiente de bronce elevada en la señal de la salutífera Cruz; así también ahora por la virtud y señal de la Santísima † Cruz dígnate libertar a esta criatura de la enfermedad y dolor que padece.

Señor Jesucristo que diste a unos Sacerdotes ministros tuyos el don de poner el pie sobre las serpientes, y los escorpiones, venenos mortíferos y animales dañinos, y a San Pablo Apóstol tuyo le concediste tal dominio sobre la víbora, que aun colgando de su mano ningún daño causase a la vista de todos; por los méritos del mismo concédenos a los que tu nombre invocamos que podamos poner nuestro pie encima de los animales dañinos y rabiosos, y ahuyentar de esta criatura toda enfermedad y todo dolor.

Rogámoste, Señor, que nos asista la virtud del Espíritu Santo, que salve a esta criatura de toda enfermedad y (tal) dolor como también de cualquier otra adversidad.

Rogámoste, Señor Dios nuestro, que concedas a tus siervos gozar de perpetua salud de mente y cuerpo, y por la gloriosa intercesión de la Bienaventurada y siempre Virgen María nos veamos libres de la presente tristeza y gocemos de eterna alegría.

La súplica del Santísimo José, y los méritos de San Agustín y de los santos abades Benito y Bernardo, como también de los santos Francisco y Antonio de Padua, rogámoste, Señor, que intercedan por nosotros para obtener la gracia pedida; a fin de que lo que por nuestros méritos no podemos, por su patrocinio lo consigamos.

Auxílienos, Señor, la intercesión de los Santos Jerónimo, Egidio, Roque, Sebastián y Eustaquio, por la cual te dignes concedernos la salud de esta criatura.

Omnipotente sempiterno Dios, que adornaste a tus escogidos santos Jorge, Blas, Erasmo, Pantaleón, Víctor, Cristóbal, Dionisio, Ciriaco, Margarita, Cristina, Rosa y Bárbara

con especiales privilegios, para que todos los que en sus tribulaciones imploren su auxilio, según la gracia de tu promesa, consigan el saludable efecto de su petición, concédenos, te rogamos, por sus méritos la implorada salud de esta criatura. Que vives y reinas, etcétera.
Así sea.

Para los animales

Suplicantes, Señor, invocamos tu misericordia, para que estos animales que están atacados de grave enfermedad, por tu ben † dición se curen y se extinga en ellos todo diabólico poder y que no vuelvan a enfermar: se tú para ellos defensa de vida y remedio de salud.

Dios que concediste a los hombres que trabajan el auxilio también de muchos animales, suplicantes te rogamos hagas de aquellos sin los cuales no se alimenta la humana condición, no perezcan para nuestros usos. Por Cristo, etcétera.

Si hay llaga, sígnela con el dedo pulgar, mojado en aceite bendecido, y diga:

Te exor † cizo llaga, en nombre de Dios nuestro omnipotente y te señalo † con la Santísima Cruz para que por su virtud te cures. Así sea.

Bendiga un poco de pan y sal, diciendo:

Recibamos auxilio, etcétera.

Que hizo, etcétera.

El Señor esté, etc. Y con su espíritu.

Oración

Dios, que creaste los frutos de la tierra para bien del hombre, invocamos tu clemencia para que te dignes ben † decir este pan y sal humildemente ofrecidos por tus siervos, e infúndeles benignamente virtud contra la rabia, la fiebre y toda enfermedad, a fin de que todos los que de ellos comieren se libren en seguida de todo mal. Por Cristo, etcétera.

(Rocíelo y váyanselo dando a comer; y si quieren, podrán bendecir agua para que los ganados beban.)

Exorcismo contra lombrices

Se dicen los cuatro Evangelios, y luego se signa en el pecho al niño, diciendo:

Por la potestad de Dios Pa † dre, la Sabiduría de Dios † Hijo y la virtud del Espíritu † Santo, libre te veas, criatura, de la enfermedad de lombrices que padeces. Así sea.

En nombre de Jesucristo el Nazareno os † conjuro, lombrices, para que convertidas en agua, salgáis de ese cuerpo, en honor de Dios y devoción de San Antonio de Padua, para que intercedas por nosotros. Amén.

Por el signo de la Santa † Cruz, tan eficaz para la salud del cuerpo como para la salud del espíritu, te veas libre de esta enfermedad, y honres debidamente al Dios del cielo y de la tierra que vive y reina por los siglos de los siglos.

Exorcismo contra calenturas

Alabemos a Dios Todopoderoso.
Que hizo el cielo y la tierra.

Exorcí † zote, fiebre maligna, sea cual fuere tu calidad, en nombre de Dios Padre Omnipotente † de Dios † Hijo y de Dios Espíritu † Santo: abandona a este siervo de Dios para que se sane, como sanó Simeón por imperio de Jesucristo Dios y Señor nuestro. Amén.

Oración

Señor Dios Jesucristo, cuya majestad y presencia sanó a Simeón, siervo de Centurión, cuando penetrando en la Sinagoga se acercó a ti pidiéndote le sanases; por tu soberana clemencia ten piedad de este tu siervo y sánale también. Esto te suplicamos, Redentor nuestro por intercesión de la Virgen María, madre tuya, y por los méritos de todos los Santos.

Exorcismo de aceite contra maleficios

Imploremos auxilio del Señor.

Que hizo el cielo y la tierra.

Te exor † cizo, de aceite, criatura en nombre de Dios † Padre omnipotente, en nombre de Jesu † Cristo Hijo suyo y Señor nuestro y por la virtud del Espíritu † Santo a fin de que te hagas óleo exorcizado y sirvas para sanar toda enfermedad y dolor de quien esté incurso en maleficio diabólico; por la virtud de la Santísima † Cruz de Cristo Señor nuestro.

Amén.

El Señor esté con nosotros.

Y con su espíritu.

Oración

Señor Dios omnipotente, a quien temen aun los ejércitos angélico, dígnate ben † decir y santi † ficar esta criatura de aceite de sumo de oliva, para que los enfermos que con ella sean untados obtengan sanidad perfecta y se vean libres de maleficio diabólico, por tus gracias y la virtud que conferiste al óleo † santo con que fue ungido Cristo Redentor nuestro, que contigo vive y reina por los siglos de los siglos.

Capítulo V

ACCIONES DE GRACIAS

Por haber cesado una tempestad

Oh Dios, sálvame por tu Nombre, y con tu poder defiéndeme. Oh Dios, oye mi oración; escucha las razones de mi boca. Porque extraños se han levantado contra mí, y fuertes buscan mi alma: no han puesto a Dios delante de sí. Selah.

He aquí Dios es el que me ayuda; el Señor es con los que sostienen mi vida.

Él volverá el mal a mis enemigos: córtalos por tu verdad. Voluntariamente sacrificaré a ti; alabaré tu nombre, oh Jehová, porque es bueno.

Porque me he librado de toda angustia, y en mis enemigos vieron mis ojos satisfecho mi deseo.

El Señor esté con nosotros. Y con su espíritu.

Oración

Te damos gracias, Omnipotente Dios, y ensalzamos tu Santo Nombre, por el beneficio que nos has concedido atendiendo nuestras súplicas, y te suplicamos que olvides nuestros pecados y nos atiendas siempre del mismo modo. Por Cristo, etcétera.

Por haberse logrado la expulsión del diablo

Confirma, oh Dios, esto.
Que en nosotros has obrado.
Señor, atiende mi oración.

Y mi súplica llegue a ti.
El Señor sea con nosotros.
Y con su espíritu.

Oración

Te damos gracias, Señor y Santo Padre, omnipotente y eterno Dios; te damos gracias, Jesucristo Verbo del Padre, te damos gracias, excelso Espíritu Dios: gracias damos a todos los santos, tanto Ángeles como hombres; porque por la virtud de Dios omnipotente ha sido echado por nosotros el dragón. Dios de Abraham, Dios de Isaac, Dios de Jacob, compadécete de tu siervo, a quien has librado del poder del diablo, y manda en su auxilio a San Miguel que le proteja, visite y defienda de todos sus enemigos. Tú que vives, etcétera.

Que por la Señal de la Santa Cruz † con que te señalo, defienda Dios de todos los males pasados, presentes y futuros, y te libre de los ataques del diablo, y el mismo diablo rendido huya de ti. Así sea.

La virtud de la Santa † Cruz esté sobre ti, cerca de ti, delante de ti, detrás de ti, y en todas partes. Así sea.

Dios te bendiga y te custodie, te muestre su faz y se compadezca de ti, vuelva hacia ti su rostro y te dé salud y paz. Así sea.

Por una victoria obtenida contra el espíritu inmundo

Dios mío omnipotente, te doy gracias por el auxilio que me has prestado en esta lucha que acabo de sostener contra el espíritu del mal; no me abandones en las que en lo sucesivo tenga que librar, y envíame siempre tus ángeles predilectos para que me sostengan y animen. Por los méritos de aquel que en el desierto supo hollar el poder del dragón infernal y hoy está contigo y con el Espíritu Santo gozando de la bienaventuranza. Así sea.

Por cualquier favor recibido

Dios infinitamente bueno, justo y misericordioso, alabanzas os sean dadas eternamente por el favor que de vos he recibido. Coros seráficos, Virtudes y Potestades, Tronos y Dominaciones, unid mis alabanzas a las vuestras para que el Santo entre los Santos sea por siempre bendito y alabado.

Así sea.

Acto de amor a Dios

Como el ciervo brama por las corrientes de las aguas, así clama por ti, oh Dios, el alma mía.

Mi alma tiene sed de Dios, del Dios vivo: ¿cuándo vendré y pereceré delante de Dios?

Fueron mis lágrimas mi pan de día y de noche, mientras me dicen todos los días: ¿dónde está tu Dios?

Me acordaré de estas cosas, y derramaré sobre mi alma: cuando pase en el número, iré con ellos hasta la casa de Dios con voz de alegría y alabanza, haciendo fiesta la multitud.

¿Por qué te abates, oh alma mía y te conturbas en mí? Espera a Dios: porque aún le tengo que alabar por las saludes de su presencia.

Dios mío: mi alma está en mí abatida: me acordaré por tanto de ti desde tierra del Jordán y de los Hermonitas, desde el monte de Mishar.

Un abismo llama a otro a la voz de tus canales; todas tus ondas y tus olas han pasado sobre mí.

De día mandará Jehová en misericordia y de noche su canción será conmigo, y oraré al Dios de mi vida.

Diré a Dios: Roca mía; ¿por qué te has olvidado de mí? ¿Por qué andaré yo enlutado por la opresión del enemigo?

Mientras se están quebrantando mis huesos, mis enemigos me afrentan, diciéndome cada día: ¿dónde está tu Dios?

¿Por qué te abates, oh, alma mía, y por qué te conturbas en mí? Espera a Dios; porque aún le tengo que alabar, por ser el salvamento delante de mí, y el Dios mío.

Júzgame, oh, Dios, y aboga mi causa; líbrame de gente impía, del hombre de engaño e iniquidad.

Pues que tú eres el Dios de mi fortaleza, ¿por qué me has desechado?, ¿por qué andaré enlutado por la opresión del enemigo?

Envía tu luz y tu verdad; éstas me guiarán, me conducirán al monte de tu Santidad, y a tus tabernáculos, y entraré al altar de Dios, al Dios, alegría de mi gozo y te alabaré con harpa, oh, Dios, Dios mío.

¿Por qué te abates, oh, alma mía, y por qué te conturbas en mí? Espera a Dios; porque aún lo tengo que alabar por ser Él salvamento delante de mí, y el Dios mío.

Capítulo VI

ORACIONES CURATIVAS

Advertencia

Las oraciones que siguen, adquiridas en distintas fuentes, son lo que con toda justicia pudiéramos llamar un tesoro de dones corporales.

Mil repetidas pruebas nos han dado el convencimiento absoluto de su eficacia; mil testimonios imparciales y severos están contestes con nosotros en proclamar su virtualidad para cada caso.

Pero ni nuestras pruebas ni el testimonio ajeno tendrían ningún valor, si las oraciones por sí mismas no se recomendasen con la mayor de las elocuencias, con la elocuencia del hecho. Acúdase a él, pues, como último e inapelable tribunal.

Nos conviene advertir, empero, que no basta la fórmula por sí para que la virtualidad resplandezca. Ya nuestro divino Redentor dijo por boca de San Mateo (VII, 6) que no debía darse las perlas a los cerdos; lo cual claramente testifica que las cosas de Dios no pueden ser por todos, operadas ni por todos comprendidas. Dijo más el Mesías: dijo por boca del mismo evangelista, que no todos los que dicen Señor son aptos para entrar en el reino de los cielos (VII, 21), y que muchos de los postreros serán primeros y muchos de los primeros serán postreros (XI, 30).

No necesitaría de más explicaciones quien tuviera saneado el corazón para comprender que lo que verdaderamente constituye la virtud de la plegaria no es la fórmula de ella, sino el propósito, desinteresado anhelo, y sobre todo la unción evangélica con que fuere dicha.

Y con todo, hay testimonios que lo especifican. El mismo Jesús dijo a sus discípulos, al ser preguntado por éstos por qué no habían podido echar fuera unos demonios, que por su poca fe. Y agregó: "De cierto os digo que si tuvieseis fe como un grano de mostaza, direis a este monte: pásate de aquí allá, y se pasará y nada os será imposible". (Mat. XVIII, 20:) Queda, pues, solventada toda duda, con estas terminantes frases, respecto a la condición que ha de tener la plegaria.

Que su eficacia ha de ser decisiva no podemos dudarlo sin negar antes la verdad del que murió en el Gólgota por darnos la vida eterna. "Todo lo que pidiereis en oración creyendo —dice este testimonio de verdad infalible en el capítulo XXII, versículo 22 de San Mateo lo recibiréis". Como se ve, no hay distingos de ningún género: todo lo que pidiéremos en la oración creyendo, lo obtendremos. Es así que pedimos en las oraciones nuestra salud corporal y espiritual, es así que reclamamos su divino auxilio para cooperar a la obra de su redención, es así que nos impulsa un sentimiento de amor fraterno, que queremos practicar la obra de misericordia que tanto nos recomendó y que invocamos en nuestro favor y en su loor los méritos de sus amados siervos; luego no podemos dudar sin previa blasfemia de sus sacrosantas promesas.

Tenemos, por tanto, la certidumbre moral del éxito en el resultado de nuestra parte la convicción de la fe y obtendremos la evidencia material.

¡Que así sea en honra y gloria de Dios!

Mal de orina

Señor, por el especial privilegio otorgado al beato Liborio contra los males de cálculo, piedras de vejiga o hígado haz que N. N., se vea libre del de… que padece. Glorioso San Liborio, intercede por nosotros. Amén.

(Se signa la parte dolorida y se rezan tres padrenuestros en honor de la Santísima Trinidad.)

Contra la peste

Señor: Por la promesa que hiciste al glorioso San Roque, de que quien le tomare por abogado se vería libre de toda pestilencia, te rogamos sanea a esta criatura N. de... para que pueda bendecir y alabar tu nombre por los siglos de los siglos. Amén.
(Se rezan tres padrenuestros a la Trinidad sacrosanta.)

Contra el dolor de muelas, dientes, etcétera.

Bendita Santa Polonia, que por tu virginidad y martirio mereciste del Señor, ser instituida abogada contra el dolor de muelas y dientes, te suplicamos fervorosos intercedas con el Dios de las misericordias para que esta criatura N. N. sea sanada. Señor, accede benigno a la súplica que te dirigimos. Amén.
(Un padrenuestro a Santa Polonia y tres a la Trinidad.)

Otra contra el dolor, de muelas, dientes, etcétera.

Estando San Pedro llorando a la orilla del río Jordán, pasó el Señor y le dijo:
—¿Qué haces aquí, Pedro, que estás tan triste?
—Estoy padeciendo de un colmillo y de las muelas.
—Escribe estas palabras y se te curarán.
San Pedro le dijo:
—Gracias, Señor, por este favor.
(Esta oración será entregada al enfermo, quien la conservará en su poder, y al pie de ella, debe poner su firma; mas si no supiere escribir, bastará con que repita los precedentes signos.)

Contra la erisipela

En nombre de Dios † Padre, y del Hijo de Dios † de San Marcial †, que ni por fuera † ni por dentro † le hagas ningún mal. (Hágase sobre la parte del paciente en que haya aparecido la erisipela las cruces que se señalan y récense tres padrenuestros a la Beatísima Trinidad.)

Otra con el mismo fin

Nuestro Señor y San Pedro se iban a pasear: Nuestro Señor le dijo a San Pedro: "Curad la erisipela que N. padece". San Pedro contesta: "Curádsela vos por vuestra libérrima mano". Y Nuestro Señor repuso: "Que la erisipela se vaya en seguida". (Se rezan tres padrenuestros a la Santísima Trinidad.)

Otra para lo mismo

Jesús nació † Jesús murió † Jesús resucitó †. Como se curaron las llagas de Jesucristo, así puede ser curada esta erisipela en honra y gloria de la Santísima Trinidad. (Se rezan tres padrenuestros.)

Contra accidentes

Criatura, escucha a tu Creador; Creador, escucha a tu criatura; criatura, escucha a tu Creador; Creador, escucha a tu criatura; criatura, escucha a tu Creador; Creador, escucha a tu criatura. Tan pronto seas curado como fue bajado de la Cruz el sagrado cuerpo de Jesús. Amén. (Esta oración se ha de decir en voz baja al oído del enfermo, y después de ella, se rezarán tres padrenuestros en honor de la Santísima Trinidad.)

Otra contra accidentes

Jesús † así como sois hijo de Dios vivo † y Dios y hombre verdadero †, que estáis presente en el Santísimo † Sacramento del Altar † y en la sagrada Hostia † encerrada en la sagrada Urna † del bendito y venerable Monumento, así puede ser curada tu criatura † N. N. de los terribles accidentes.

(Se rezan seis padrenuestros, avemarías y gloria patris en honor del Santísimo Sacramento; y además convendrá que se posea y coloque al cuello del paciente, pendiente de un cordoncito de seda, la primera limosna que se haya ofrecido al Señor en cualquier Monumento el día de Jueves Santo, después de haberse colocado en el tabernáculo el sagrado cáliz; bien entendido que dicha limosna no ha de ser hurtada sino restituida en el duplo de su valor.)

Contra la lombriz solitaria

El poder del Padre †, la sabiduría del Hijo † y la virtud del Espíritu † Santo te sanen y te libren de la enfermedad de la lombriz solitaria, gigante de los parásitos, la que sea expelida de tu cuerpo por la intercesión de San Antonio de Padua, confesor del Verbo.

Tú has enfermado por el malvado que devora tus carnes, mas él perecerá en nombre de Jesús, María y José.

Ruega por N. N. bienaventurado San Antonio de Padua.

(Récense tres padrenuestros a la Santísima Trinidad y uno a San Antonio.)

Contra las anginas

En Belem hay tres niñas: una cose, otra hila y otra cura anginas; una hila, otra cose y otra cura el mal traidor.

(Se repite tres veces en otros tantos días seguidos, haciendo la señal de la cruz en cada una de ellas y rezando tres padrenuestros en honor de la Santísima Trinidad.)

Otra contra el mismo mal

Nuestro Señor y San Martín iban por un camino, donde hallaron a San Pedro de bruces contra un canto rodado.

—¿Qué haces·aquí? —le dijo el Señor; y San Pedro contestó:

—Me estoy muriendo de mal de anginas, de garganta y de flemones. A lo que el Divino Maestro repuso: —Ponte los cinco dedos de la mano derecha en el cuello y carrillos en honra y gloria de la Santísima Trinidad, y con el Santo nombre de Dios, el mal te será curado.

(Se rezan tres padrenuestros a la Trinidad beatísima.)

Contra maleficio

Por el infinito poder y mandato de Dios Padre Omnipotente, saldréis de aquí espíritus y demonios malvados, sentenciados al infierno por los siglos de los siglos. Amén.

Por el poder y sabiduría del Hijo de Dios, saldréis de este cuerpo, espíritus y demonios malvados, como salió la sangre de sus llagas. Amén.

Por la voluntad del Espíritu Santo saldréis de aquí y caeréis por tierra, demonios y espíritus, como caisteis por no acatar a la Santísima Virgen antes del parto, en el parto y después del parto. † Amén.

(Se rezan cinco credos en memoria de las cinco llagas de nuestro Divino Redentor.)

Otra para el mismo fin

Por el nombre y poder de Dios † Padre saldréis de aquí y os arrastraréis por tierra, malas figuras, malos espíritus, malos seductores, malas bestias, terribles dragones descabellados, como fuisteis arrebatados a las penas del infierno.
(Tres padrenuestros.)

Otra para lo mismo

Por el infinito poder de Dios Padre Omnipotente, saldréis del cuerpo de esta criatura N. N., demonios, espíritus malvados, como salió la preciosísima sangre de Cristo Crucificado.
(Para saber si una persona está posesionada de los espíritus malignos, basta lo siguiente: en el plato en que ha de comer la sopa, se hace la señal de la cruz y se dice: "Por el dulcísimo nombre de Jesús, de José, y de María, que no te puedas comer esta sopa hasta que libre te veas de los espíritus malignos". Si está afectada, no la comerá, y si no está afectada, la comerá.)

Contra contusiones, dislocación de huesos o relajamiento del pecho

Jesús nació, Jesús fue bautizado, Jesús sufrió pasión y muerte, Jesús resucitó y ascendió a los cielos, Jesús está sentado a la diestra de Dios Padre y desde allí ha de juzgar a los vivos y a los muertos. Por estas grandes verdades y por el valor y confianza que inspiran a los cristianos, que estas contusiones de N. N. (o dislocaciones, etcétera), sean curadas como lo fueron las heridas de sus divinas sienes y costados †.
(Se rezan cinco padrenuestros en memoria de las cinco llagas de Jesús.)

Otra para el mismo objeto

Mal hecho, mal visto, mal nacido, que sean tan pronto curado como las llagas de Jesucristo †.

(Se repite tres veces haciendo otras tantas cruces en la parte dolorida, y si fuera relajación de pecho se hará que el paciente cruce los brazos por delante, y tomándole las manos por debajo de los sobacos, se tirará de ellas apretando a la vez la espalda; luego se le hará sentar en el suelo y se mirará si junta bien las manos por encima de la cabeza y a la espalda, y si la relajación fuese de mucho tiempo, se repetirá esta operación tres, siete o nueve días, invocando respectivamente el auxilio de la Santísima Trinidad, la virtud de las llagas de Cristo Crucificado, la de los dolores de María Santísima, y la de las nuevas jerarquías angélicas; bien entendido que dichas operaciones se han de hacer mientras se rezan tres padrenuestros en loa de la Trinidad beatísima.)

Contra malos gestos

Ana parió a Santa Ana y Santa Ana parió a María: si estas palabras son ciertas, que sean sanadas estas partes doloridas (o juntadas estas arcas del pecho) como se juntan las olas del mar.

(Se repite tres veces y se rezan tres padrenuestros, a la Santísima Trinidad haciendo mover los miembros lastimados en este intermedio y en el sentido que convenga.)

Contra quemaduras

El fuego no tiene frío, el agua no tiene sed, el aire no tiene calor, el pan no tiene hambre; San Lorenzo, curad estas quemaduras por el poder que Dios os ha dado.

(Se signa y reza un Padre Nuestro a San Lorenzo. Esta misma oración sirve para escaldaduras y airadas, con sólo indicar la enfermedad que sea.)

Contra la ictericia

Bendita y alabada sea la Pasión y Muerte de Nuestro Señor Jesucristo y de su Santísima Madre, por cuya virtud de la ictericia te salves.

(Cinco padrenuestros en memoria de los misterios de la Pasión.)

Contra hernias o quebraduras

Jesús encarnó en las purísimas entrañas de la Virgen María; y nació y habitó entre nosotros; y para enseñarnos a tener fe verdadera, por su propia virtud y con su gracia curaba todas las enfermedades y dolencias a los que en él creían y le buscaban: y para librarnos de todo mal, sufrió pasión y muerte; y para abrirnos las puertas del paraíso, ascendió glorioso y triunfante a los cielos, después de haber hollado todas las furias infernales. Pues así como estas palabras son ciertas, así lo es también que tú, N. N., puedes ser curado de la hernia que padeces, por la virtud y en honor de las tres personas distintas de la Santísima Trinidad, a quien humildemente le pido la gracia de que te veas tan pronto curado como Jesucristo de sus llagas. Amén.

(Esta oración se repetirá tres veces, diciendo después tres Padrenuestros en honra y gloria de la Santísima Trinidad y una Salve en memoria de los dolores de la Virgen María. Al final de cada una de las dos primeras veces que se diga la oración, se signará † la quebradura, y al final de la tercera se harán tres cruces. Conviene que durante el ejercicio piadoso se tenga un crucifijo alumbrado por tres velas bendecidas, o por un candil de tres mecheros alimentado por aceite bendecido también. La misma oración puede aplicarse para el mal de garganta, de costado, de riñones y de la boca, con sólo variar las palabras que designan el mal.)

Contra un cáncer

El cáncer y Cristo † se van a Roma †, el cáncer se queda y Cristo vuelve †, muera el cáncer † y viva la fe de Jesucristo.

(Se repite tres veces y se rezan tres padrenuestros en honor de la Santísima Trinidad.)

Contra el mal de pechos

Jesús vivió †, Jesús murió †, Jesús resucitó †; como estas palabras son verdad, haced la gracia de curar el pecho cascado (o agrietado, etc.) derecho (o izquierdo) de N. N. a la mayor brevedad.

(Se repite tres veces y se rezan tres padrenuestros en honor de la Santísima Trinidad.)

Contra el dolor de vientre

Ostevun † Ostesa † Maldito † Bañado † en poca paja † Mal de vientre † Vete de aquí pronto † Que Dios † te lo manda †.

(Se repite tres veces rezándose luego tres padrenuestros en honor de la Santísima Trinidad.)

Contra el mal de ojos

Jesús Dios † entró en Belem, sale el mal y entra el bien † Santa Lucía virgen y mártir, por el poder que Dios † os ha dado, curad el mal de estos ojos en seguida.

(Récese un padrenuestro a Santa Lucía.)

Contra las nubes en los ojos

Nube, nube, de sangre y agua formada, en honra y gloria de la Santísima Trinidad †, que seas prontamente curada.

(Se rezan tres padrenuestros en honor de la Trinidad beatísima.)

Otra para el mismo fin

Santa Lucía y † Santa Claudia †, San Cosme † y San Liborio †, sea nube o sea orzuelo, convengan conmigo para curarte en nombre de Dios.

(Repítase tres veces y récense tres padrenuestros en nombre de la Santísima Trinidad.)

Otra para lo mismo

—¿Qué haces aquí entretenida? —Aquí estoy que Dios me ha traído.

—No, Dios no te ha traído; te ha traído mi desgracia. Si eres blanca, que Dios † te aparte; si eres negra que Dios † te eche fuera; si eres amarilla, que te vayas en seguida †.

(Un padrenuestro a Santa Lucía y tres a la Santísima Trinidad.)

Otra

Madre de San Simeón, abogada contra las nubes † clara es la luna, claro es el sol, clara sea la vista de N. N. por vuestra intercesión.

(Se repite durante nueve días, y en cada uno de ellos se enhebran nueve granos de trigo, que se ponen delante de la vista del enfermo mientras se dice la oración, y se rezan un padrenuestro a Santa Lucía y tres a la Santísima Trinidad.)

Contra la ojeriza

Si es de parte de madrugada, te encomiendo a San Marcos †; si es de parte de mediodía, te encomiendo a la Virgen María †; si es de parte de anochecido, te encomiendo a San Silvestre. Dos son los que te tienen ojeriza, tres los que te curan: el Padre †, el Hijo † y el Espíritu † Santo.

(Se rezan tres padrenuestros a la Santísima Trinidad.)

Otra para el mismo fin

El nombre del Padre †, del Hijo † y del Espíritu † Santo: si eres tomada por la mañana, por Dios y San Martín seas sanada; si por mediodía, que sea Dios y la Virgen María; si por el anochecer, Dios y San Silvestre te libren de padecer. Jesús no está, Jesús fue crucificado, Jesús nació en Belem, que se vaya el mal y venga el bien.

(Mientras se dicen las palabras desde "Jesús no está" hasta el fin, el que se ocupe, en esta acción piadosa ha de colocar su mano derecha sobre la cabeza del paciente, y retirarla como si tratase de arrebatar algo cuando pronuncie las de "que se vaya el mal y venga el bien". Toda la oración se repite nueve días consecutivos, y cada día se rezan tres padrenuestros en honor de la Santísima Trinidad.)

Contra las heridas

Mal mal hecho † mal mal visto † seas tan pronto curado como las llagas de Jesucristo †.

(Récense tres padrenuestros en honor de la Trinidad gloriosa.)

Contra las llagas

Persignada † serás, llama maligna; y curada † serás por virtud divina, como lo fueron las llagas de Cristo † en los brazos de María Santísima.

(Cinco padrenuestros en memoria de las cinco llagas y tres avemarías a María Santísima.)

Contra malos granos, úlceras, etcétera.

En nombre de Dios Padre †, en nombre de Dios Hijo † y en nombre de Dios Espíritu † Santo; así como fue formado el misterio de la Santísima Trinidad, así se puede curar este mal grano (úlcera, o lo que sea) de N. N. por los méritos de Jesús, José y María y en honra y gloria del Santísimo Sacramento.

Se rezan tres padrenuestros a la Santísima Trinidad, y luego se dice tres veces:

Rey de los ejércitos, llenos estan los cielos y la tierra de vuestra gloria, Gloria al Padre, gloria al Hijo y gloria al Espíritu Santo. Amén.

Contra males inmundos

Sal de aquí † mal inmundo; sal de aquí † mal maldito; sal de aquí † que Dios te lo manda; sal de aquí seguidamente. Dios Padre Omnipotente † Dios Hijo sabiduría infinita † Dios Espíritu † Santo amor inagotable, que esta inmunda enfermedad sea curada como las llagas del sagrado cuerpo de mi Redentor Jesús.

(Récense tres padrenuestros a la Sacrosanta Trinidad.)

Contra apoplejía

Dios y Señor Nuestro, que habiendo muerto de apoplejía el bien aventurado Andrés Avelino estando ofreciendo el Sacrificio del Altar, te dignaste conferirle la gracia de recibirlo en el eterno santuario de tu gloria y ser desde allí intercesor para Contigo de los que padecen de ese mal, reverentes te suplicamos que por sus méritos y tu misericordia sea sanado N. N. del ataque que le postra, y sirva todo ello para honra y gloria tuya. Así sea.

(Se reza un padrenuestro a San Avelino y tres a la Trinidad sacrosanta.)

Contra el mal de oído, sordera, etcétera.

Señor mío Jesucristo, tú que te dignaste librar de sus dolencias al sordomudo de Decápolis con sólo meter los dedos en sus orejas y decirle "Sé abierto", concédeme la gracia de que en tu nombre e imitando tus milagros ya que no tus virtudes, pueda † sanar a N. N. del mal de oídos (o lo que sea), que padece.

(Récese el credo como testimonio de la fe en los méritos de Jesús crucificado.)

Contra la lepra

Mi adorable Redentor Jesús: así como te dignaste curar a los diez leprosos que te salieron al paso en tu apostolado desde Samaria a Galilea, dígnate † curar † también a N. N. que fervorosamente te lo suplica por mediación mía, quien te quedará reconocido como el único entre aquéllos a quien limpiaste.

(Dígase el padrenuestro en honra y gloria de Dios.)

Contra la nostalgia

En tu concepción fuiste inmaculada, Virgen María.
(Se repite y se rezan tres avemarías.)

Otra para lo mismo

Jesús nació, Jesús murió; Jesús nació, Jesús murió; Jesús nació, Jesús murió. Así sea curada la nostalgia de N. N. como estas palabras son ciertas.
(Sígnese el paciente y récense tres padrenuestros en honor de la Santísima Trinidad.)

Contra un mal ignorado

Por voluntad de Dios † Todopoderoso, saldrás de aquí † y caerás por tierra † mal ignorado † visto † o intencionado † del cuerpo de esta criatura N. N., como cayó la preciosísima sangre de Jesús † crucificado †.
(Récense cinco credos a la memoria de la Pasión y Muerte de nuestro Redentor Jesús.)

Contra la parálisis

Adorabilísimo Jesús, inagotable fuente de clemencia, así como te dignaste curar al paralítico guergueseno que te salió al encuentro, diciéndole: "levanta, toma tu cama y vete a tu casa", así te suplico te dignes curar a N. N., que con todo fervor te lo implora. No desoigas su plegaria, y reverente te saludará con los ángeles del Paraíso diciendo: Santo, Santo, Santo es el Dios de los ejércitos, a quien veneran todas las naciones.
(Tres padrenuestros, avemarías y gloria patri.)

Contra el flujo

Adorable Cordero inmolado en el Gólgota, mi siempre amado Jesús, extiende sobre mí tu mano y sálvame del flujo que me apena como salvaste a aquella piadosa mujer que hacía doce años lo padecía. Yo también, como ella, tengo fe en tu potestad soberana; yo también quiero tocar tu vestido, segura de que si lo logro, habré alcanzado la curación de mi mal.

(Esta oración convendrá sea dicha por la misma enferma, pero no importa que la diga otro cualquiera en su nombre. Al final de ella se rezará un credo en testimonio de la fe en Jesucristo.)

Contra la catalepsia
(muerte aparente o pérdida de sentido)

Bien sé, mi Dios, que tú todo lo puedes; bien sé que resucitaste a Lázaro y a la hija de Jairo; bien sé que los cielos y la tierra obedecen sumisos tus órdenes, y que todas las potestades angélicas están prontas a servirte: ¿cómo puedo dudar, pues, que te sea fácil restituir la salud perdida, y que a este tu siervo N. N., le veamos libre, por tu voluntad, del sopor que nos le hace aparecer como muerto? No, mi Dios amado; yo no puedo dudar de este tu poder, ni puedo dudar tampoco de que concederás la gracia que te pido, fiado en los dones de tu misericordia. Si no viniste a salvar los justos sino los pecadores; si no trataste de curar los sanos sino los enfermos, desoirás el clamor de N. N., pecador y enfermo también, que sólo de ti espera ser salvado.

(Récense tres padrenuestros en honra y gloria de las tres llagas que los clavos infirieron a nuestro adorable Redentor.)

Contra todo mal

Criatura de Dios, yo te curo y bendigo en nombre de la Santísima Trinidad, Padre † Hijo y † Espíritu Santo † tres personas distintas y una esencia verdadera, y de la Virgen María Nuestra Señora, concebida sin mancha de pecado original, virgen en el parto, † antes del parto † y después del parto † por la gloriosa Santa Gertrudis, su querida y regalada esposa, mil vírgenes, San Roque y San Sebastián, por todos los Santos y Santas de la Corte celestial. Por su gloriosísima Encarnación † gloriosísimo Nacimiento † Santísima Pasión † gloriosísima Resurrección † y Ascensión † por tan altos y santísimos misterios que creo firmemente y son verdades del Evangelio.

Suplico a su Divina Majestad, poniendo por intercesora a su Santísima Madre y abogada nuestra: libre y sane a esta tu criatura N. N. de (se cita la enfermedad) y de otra cualquiera enfermedad que sea. Amén Jesús. Jesús † Jesús † Jesús †.

No mirando la indigna persona que refiere tan Sacrosantos Misterios, con toda buena fe, te suplico, Señor, para más gloria y honra tuya, y devoción de los presentes, te sirvas por tu piedad y misericordia sanar y librar a esta tu afligida criatura N. N., de las enfermedades que padezca, quitándola de esta parte o lugar, y no permita su Divina Majestad le sobrevenga accidente, corrupción ni daño alguno, dándole salud completa para que con ella te sirva y cumpla tu Santísima voluntad. Amén Jesús. Jesús † Jesús † Jesús †.

Criatura de Dios, yo te curo y te ensalzo y Jesucristo Nuestro Redentor te sane y bendiga y haga su Santísima voluntad. Amén Jesús. Jesús † Jesús † Jesús †.

Consumatum est † Consumatum est † Consumatum est † Amén Jesús.

(Un credo a la intención del que ejerza esta obra.)

Capítulo VII

DEPRECACIONES GENERALES Y PARTICULARES

Solicitando una buena compañía

Dadme, Señor, aquella dulce compañía que le disteis a la Virgen María desde la puerta de Abraham hasta la puerta de Belem y hasta la de Jerusalem. Que por donde quiera que vaya no me suceda mal alguno, antes bien, que mi Ángel me defienda de todo peligro y de toda tentación. A la Virgen inmaculada, vuestra gloriosa Madre, pido sea mi intercesora para con vos, y que me comunique la inefable alegría que vos a ella le comunicasteis cuando convertisteis en urna santa de vuestra humanidad a su virginal vientre. A todos los santos Apóstoles y Evangelistas les pido me den alientos para propagar la fe; a los Mártires y Confesores para perseverar en ella, aun a trueque de suplicios, y a los Querubines y Serafines notas armoniosas con qué alabar vuestro nombre. Pero a vos sobre todo, Dios mío, os ruego me asistáis en toda tribulación y me otorguéis una buena compañía.

(Récense tres credos en memoria de la Pasión y muerte de Jesús, tres salves a María Santísima en memoria de sus dolores gozosos, y tres padrenuestros a los Bienaventurados del Paraíso.)

Para librarse de persecuciones injustas

Al autor de cielo y tierra me encomiendo, y a Jesús el nazareno, Jesús de Nazaret, hijo de María nacido en Belem, y perseguido, maltratado y crucificado y glorificado entre judíos; a ellos me encomiendo para que en este santo día y noche no sea preso, ni herido, ni muerto, ni entre tribunales envuelto.

La paz sea conmigo. Acompáñame, Señor. (Récense tres padrenuestros en loa de la Santísima Trinidad.)

Otra para lo mismo

Dijo Dios a sus discípulos: Id delante de mí y defendedme de mis adversarios. Ojos tengan y no me vean; oídos tengan y no me oigan; manos tengan y no me prendan; pies tengan y no me alcancen. Esto mismo, Señor, os imploro para verme libre de persecuciones injustas; cubridme con la capa de Abraham, selladme con la sangre de Jesús, bañadme con la leche de María, y con el patrocinio de José, iré por todas partes seguro y sosegado.

(Récense tres credos en honor de las tres caídas de nuestro Redentor Jesús.)

El Magnificat

Glorifica mi alma al Señor.

Y mi espíritu está transportado de gozo en el Dios salvador mío.

Porque ha puesto sus ojos en la bajeza de su esclava: por tanto ya desde ahora me llamarán bienaventurada todas las generaciones.

Porque ha hecho en mí cosas grandes el Todopoderoso, cuyo nombre es santo.

Y cuya misericordia se extiende de generación en generación a todos los que la temen.

Dio muestras grandes del sublime poder de su brazo: desbarató los proyectos que allá en Su corazón meditaron los soberbios.

Derribó del solio a los poderosos, y ensalzó a los humildes.

Colmó de bienes a los menesterosos hambrientos, y a los ricos los despidió sin nada.

Acogió a Israel su siervo, acordándose de su misericordia.

Según lo prometió a nuestros Padres Abraham y a sus descendientes, por los siglos de los siglos.

Gloria Patri, etcétera.

El Señor sea con nosotros.

Y con su espíritu.

Bendigamos al Señor.

Gracias sean dadas a Dios.

Y que las almas de los fieles difuntos descansen en paz por la misericordia de Dios. Así sea.

Benedicat

Alabad a Jehová desde los cielos, alabadlo en las alturas. Alabadle, vosotros todos sus ángeles: alabadle, vosotros todos sus ejércitos.

Alabadle, sol y luna: alabadle vosotras todas, lucientes estrellas. Alabadle, cielos de los cielos: y las aguas que están sobre los cielos.

Alaben estas cosas tu nombre de Jehová: porque él mandó, y fueron creadas.

Y las hizo ser para siempre por los siglos: púsoles ley que no será quebrantada.

Alabad a Jehová, de la tierra, los dragones y los abismos.

El fuego y el granizo, la nieve y el vapor; el viento de tempestad que ejecuta su palabra.

Los montes y todos los collados, el árbol de fruto, y todos los cedros.

La bestia, y todo animal; reptiles y volátiles.

Los reyes de la tierra, y todos los pueblos; los príncipes, y todos los jueces de la tierra.

Los mancebos, y también las doncellas; los viejos, y los niños.

Alaben el nombre de Jehová: porque sólo su nombre es elevado; esa gloria es sobre tierra y cielos.

Él ensalzó el cuerno de su pueblo; alábenle todos sus santos, los hijos de Israel, el pueblo a él cercano. Aleluya.

Miserere

Ten piedad de mí, oh Dios, conforme a tu misericordia; conforme a la multitud de tus piedades borra mis rebeliones. Lávame más y más de mi maldad, y límpiame de mi pecado. Porque yo reconozco mis rebeliones; y mi pecado está siempre delante de mí.

A ti, a ti solo he pecado, y he hecho lo malo delante de tus ojos: confiésolo, porque seas reconocido justo en tu palabra, y tenido por puro en tu juicio.

He aquí, en maldad he sido formado, y en pecado me concibió mi madre.

He aquí, tú amas la verdad en lo íntimo y en lo secreto me has hecho comprender sabiduría.

Purifícame con hisopo, y seré limpio: lávame, y seré emblanquecido más que la nieve.

Hazme oír gozo y alegría; y se recrearán los huesos que has abatido.

Esconde tu rostro de mis pecados, y borra todas mis maldades. Orea en mí, oh Dios, un corazón limpio; y renueva un espíritu recto dentro de mí.

No me eches de delante de ti y no quites de mí tu santo Espíritu.

Vuélveme el gozo de tu salud; y haz que el espíritu libre me sustente.

Enseñaré a los prevaricadores tus caminos; y los pecadores se convertirán a ti.

Líbrame de homicidios, oh Dios, Dios de mi salud: cantará mi lengua tu justicia.

Señor, abre mis labios; y publicará mi boca tu alabanza.
Porque no quieres tu sacrificio, que yo daría: no quieres holocausto.

Loe sacrificios de Dios son el espíritu quebrantado; al corazón contrito y humillado no despreciarás tú, oh Dios.

Haz bien con tu benevolencia a Sión; edifica los muros de Jerusalem.

Letanía de los Santos

Señor ten piedad de nosotros.
Jesucristo, ten piedad de nosotros.
Señor, ten piedad de nosotros.
Cristo, óyenos.
Cristo, escúchanos.

Padre Eterno Dios,	*Conduélete de nosotros*
Dios Hijo Redentor del mundo	"
Dios Espíritu Santo	"
Santa Trinidad uno en Dios	"
Santa María	*Ora por nosotros*
Santa Madre de Dios	"
Santa Siempre Virgen	"
San Miguel	"
San Gabriel	"
Todos los Santos Ángeles y Arcángeles	"
Todos los Santos Mártires y Confesores	"
San Juan Bautista	"
Todos los Santos Patriarcas y Profetas	"
San Pedro	"
San Pablo	"
San Andrés	"
San Santiago	"
San Juan	"
Santo Tomás	"
San Jacobo	"
San Felipe	"
San Bartolomé	"

San Mateo   "
San Simón   "
San Tadeo   "
San Matías   "
San Bernabé   "
San Lucas   "
San Marcos   "
Todos los Santos Apóstoles y Evangelistas *Orad por nosotros*
Todos los Santos Discípulos del Señor   "
Todos los Santos Inocentes   "
San Esteban   "
San Lorenzo   "
San Vicente   "
Santos Fabián y Sebastián   *Orad por nosotros*
Santas Juana y Paula   "
Santos Cosme y Damián   "
Santos Gervasio y Protasio   *Ora por nosotros*
San Bernardo   "
Santa Petra   "
San Daniel   "
Santa Ángela   "
San Samuel   "
San León   "
San Hugo   "
San Nicolás   "
Todos los Santos Mártires   "
San Silvestre   "
San Gregorio   "
San Agustín   "
San Jerónimo   "
San Buenaventura   "
San Ludovico   "
San Benvenuto   "
Todos los Santos Pontífices y Confesores   "
Todos los Santos Doctores   "
San Antonio   "
San Benedicto   "
Santo Domingo   "
San Antonio de Padua   "

San Bernardino   "
San Pedro Alcántara   "
San Juan Capistrano   "
San Pascual   "
San Ivo   "
San Olegario   "
San Roque   "
San Conrado   "
Todos los Santos Sacerdotes y Levitas   *Orad por nosotros*
Todos los Santos Profesos y Eremitas   "
Santa María Magdalena   *Ora por nosotros*
Santa Agueda   "
Santa Lucía   "
Santa Inés   "
Santa Cecilia   "
Santa Catalina   "
Santa Clara   "
Santa Bou de Viterbo   "
Santa Anastasia   "
Santa Isabel de Hungría   "
Santa Isabel de Portugal   "
Todas las Santas Vírgenes y Viudas   *Orad por nosotros*
Todos los Santos y Santas de
  las Tres órdenes   "
de San Francisco   "
Todos los Santos de Dios   *Intercede por nos.*
Míranos propio   *Muestra misericordia, Señor*
Míranos propicio,   *Óyenos, Señor*
De todo mal   *Líbranos, Señor*
De todo pecado   "
De súbita e imprevista muerte   "
Del infiel diablo   "
De ira, odio y mala voluntad   "
De espíritu de fornicación   "
De relámpagos y tempestades   "
De muerte perpetua   *Te rogamos que nos oigas*
Por el Misterio de tu Santa Encarnación   "
Por tu venida   "
Por tu nacimiento   "

Por tu bautizo y ayuno   "
Por tu cruz y pasión   "
Por tu santa Resurrección   "
Por tu Ascensión a los cielos   "
Por la venida del Espíritu Santo   "
El día del juicio   "
Pecadores   "
Nuestra suerte   "
Te entregamos   "
Para que la penitencia nos regenere   "
Para que tu Iglesia conserve su dignidad   "
Para que tus ministros sean respetados   "
Para que los enemigos de tu Iglesia se
  humillen   "
Para que haya paz entre los reyes y
  príncipes cristianos   "
Para que el pueblo cristiano goce de paz   "
Para que estemos a tu servicio   "
Para que nuestras almas merezcan la gloria eterna   "
Para que los frutos que te dignaste darnos se conserven   "
Para que los fieles difuntos descansen eternamente   "
Para que nos oigas benévolo   "

Tú eres el cordero que quita los pecados del mundo.
   Míranos con piedad.
Tú eres el cordero que quita los pecados del mundo.
   Óyenos, Señor.
Tú eres el cordero que quita los pecados del mundo.
   Ten piedad de nosotros.
   Cristo óyenos.
   Cristo escúchanos.
   Señor, ten piedad de nosotros.
   Padrenuestro (se reza).
   Y no nos dejes caer en la tentación.
   Mas líbranos del mal.
   Oh Dios, acude a librarme; apresúrate, oh Dios, a soco-
rrerme.
   Sean avergonzados y confundidos los que buscan mi vida;
sean vueltos atrás y avergonzados los que mi mal desean.

Gócense y alégrense en ti los que te buscan, y digan siempre los que aman tu salud: engrandecido sea Dios.

Yo estoy afligido y menesteroso; apresúrate a mí, oh Dios; ayuda mía y libertador mío eres Tú: oh Jehová, no te detengas.

Gloria al Padre, etcétera.

Según era, etcétera.

Oración

Omnipotente y sempiterno Dios, que ves nuestra aflicción y nuestra angustia, que conoces nuestras debilidades y está en tu mano el perdonarlas, imploramos tu inmensa piedad, tu infinita clemencia, para que nos sean redimidas nuestras culpas y podamos un día verte y gozarte en la gloria. Así sea.

El Señor sea con nosotros. Y con su santo espíritu. Atiéndenos, omnipotente y misericordioso Dios. Así sea.

Responsorio de San Antonio de Padua

Si buscas milagros, mira
muerte y error desterrados
miseria y demonio huídos
leprosos y enfermos sanos.
El mar sosiega su ira,
redímense encarcelados:
miembros y bienes perdidos
recobran mozos y ancianos.
El peligro se retira
los pobres van remediados:
cuéntenlo los socorridos,
díganlo los paduanos.
El mar sosiega su ira,
redímense encarcelados:
miembros y bienes perdidos
recobran mozos y ancianos.
Gloria al Padre, gloria al Hijo
gloria al Espíritu Santo.

El mar sosiega su ira,
redímense encarcelados:
miembros y bienes perdidos
recobran mozos y ancianos.
Ruego a Cristo por nosotros
Antonio divino y Santo
para que dignos así
de sus promesas seamos. Amén.

(Padrenuestro y Avemaría. Este responsorio sirve para hallar las cosas perdidas.)

Credo

Creo en Dios Padre, todopoderoso creador del cielo y de la tierra; y en Jesucristo su único Hijo, Nuestro Señor que fue concebido por obra y gracia del Espíritu Santo; y nació de María Virgen; y padeció bajo el poder de Poncio Pilatos; y fue crucificado, muerto y sepultado; y descendió a los infiernos, y al tercer día resucitó de entre los muertos; y subió a los cielos y está sentado a la diestra de Dios Padre todopoderoso; y desde allí ha de venir a juzgar a los vivos y a los muertos. Creo en el Espíritu Santo, en la Santa Iglesia Católica, en la Comunión de los Santos, en la remisión de los pecados, en la vida perdurable. Amén.

Índice

Esta obra se terminó de imprimir en los talleres de

LITOGRÁFICA TAURO S.A. Andrés Molina Enríquez no.4428

Col. Viaducto Piedad. C.P. 08200 México, D.F. **en Septiembre del 2010**

Tel.5519-3669 y 5519-7744. Se tiraron 1,000 ejemplares más sobrantes.